E DÉPARTEMENTALE
DES INCENDIÉS DE LA MEUSE

SOUVENIR
DU
CENTENAIRE

1805 - 1905

Offert à M.

CENTENAIRE

DE LA

Caisse Départementale des Incendiés

DE LA MEUSE

Célébré à Bar-le-Duc, le 20 Août 1905

SOUS LA PRÉSIDENCE DE

M. PAUL DESCHANEL

Membre de l'Académie Française
Député, Ancien Président de la Chambre des Députés

EN PRÉSENCE DE

M. BARBERET

Directeur de la Mutualité, délégué par M. le Ministre de l'Intérieur

ET DE

MM. les Sénateurs, Députés, Conseillers Généraux, Conseillers d'Arrondissement et Maires

DU DÉPARTEMENT DE LA MEUSE

BAR-LE-DUC

IMPRIMERIE Ed. JOLIBOIS, 55, BOULEVARD DE LA BANQUE

—

1906

M. PAUL DESCHANEL
de l'Académie Française,
Député,
Ancien Président de la Chambre des Députés.
Président de la Fête.

FÊTE DU CENTENAIRE
de la Caisse départementale des Incendiés de la Meuse

Sous la Présidence de **M. P. DESCHANEL,**
de l'Académie Française,
Député, ancien Président de la Chambre des Députés

PROGRAMME

DE LA JOURNÉE DU 20 AOUT 1905

1º Réunion à 10 heures au parc de l'Hôtel de Ville.

2º Réception dans la Salle des Fêtes de M. Paul Deschanel, de l'Académie Française, Député, ancien Président de la Chambre des Députés, Président de la Fête.

3º Allocution de M. Edmond Develle, Sénateur, Président du Conseil général de la Meuse.

4º Conférence de M. Raymond Poincaré, Ancien Ministre, Sénateur, Vice-Président du Conseil général de la Meuse.

5º Discours de M. Barberet, Directeur de la Mutualité au Ministère de l'Intérieur.

à 11 h. 1/2 : Réunion dans le Parc pour la formation du cortège.

à 11 h. 3/4 : Départ du Cortège pour la Salle du Banquet.

<small>Le Banquet a eu lieu sous une tente dans la grande cour du Lycée de Bar-le-Duc.</small>

Après le Banquet : Toast de M. G. Habert, Préfet de la Meuse.

Discours de M. Paul Deschanel.

2 h. 1/2 : Matinée Théâtrale.

M. A. PHASMANN
Président du Bureau Central de la Caisse Départementale des Incendiés
de la Meuse,
Maire de la Ville de Saint-Mihiel,
Conseiller général de la Meuse.

M. F. BONNEFOND
Secrétaire de la Caisse Départementale des Incendiés de la Meuse.

E dimanche 20 août 1905 fut une journée de fête pour la ville de Bar-le-Duc et pour toute la Meuse, fête souverainement légitime, et qui demeurera inoubliable dans notre histoire locale.

On célébrait le centenaire d'une institution non seulement toute meusienne, mais toute familiale aussi, le centenaire de la *Caisse départementale des Incendiés*, fondée par la prévoyance de nos pères, et c'étaient leurs descendants qui, de toutes parts, venaient saluer l'éclatante prospérité de l'œuvre accomplie, et rendre hommage, hommage reconnaissant, fervent et pieux entre tous, à la mémoire des ancêtres.

Parmi les administrateurs ou présidents de la *Caisse départementale* figurent, en effet, dès l'origine, depuis un siècle, les noms les plus marquants et les plus populaires du Barrois et de toute notre région, les noms des Moreau, des Ficatier, des Humbert, Prieur de la Comble, Félix Gillon, Claude Millon, Ernest Bradfer, Narcisse Deschamps, Varin-Bernier, Phasmann, et bien d'autres.

Une seule idée a provoqué et guidé les efforts de ces devanciers, comme elle continue à diriger ceux de leurs successeurs : le bien public.

« Considérant que l'humanité réclame, en faveur des

incendiés, un établissement qui puisse suppléer à l'insuffisance des moyens existants, et que la création d'une Caisse de secours offre cet avantage... »

Voilà ce qu'on lit dans l'arrêté préfectoral du 25 brumaire, an XIV (16 novembre 1805), qui est comme l'acte de naissance de la *Caisse*. — « Caisse de Secours », c'est ainsi qu'elle est dénommée ; — et notons, en passant, qu'il n'existait à cette époque aucune compagnie d'assurances contre l'incendie.

Donc pas de spéculation ici, pas de courtages à verser, pas d'actionnaires à allécher ou relancer, nul dividende à servir. Ce n'est pas « une affaire » que nos aïeux ont cherché à entreprendre et tenté de mener à bonne fin, ou, si c'en est une, c'est « une affaire de famille » uniquement, une œuvre de solidarité et de fraternité.

Oui, c'est bien tout à fait en famille que la chose se passait, et les plus menus détails de l'organisation primitive de la *Caisse départementale* l'attestent bien.

« Chaque année, dans les mois de novembre et de décembre, le maire fait annoncer à son de caisse, et le curé indique au prône le jour où la collecte se fera. Ce jour-là, deux ou trois membres du Bureau communal de la *Caisse départementale* se présentent chez les habitants, reçoivent leur assurance, encaissent leurs versements et les inscrivent sur deux listes... »

Ainsi, et suivant les procédés de cette patriarcale méthode, chacun, quel qu'il fût, était convié, par la municipalité comme par l'Eglise, au nom des hommes et au nom de Dieu, à coopérer à cet acte de bienfaisance. Nulle question étrangère aux intérêts de la communauté ne venait s'immiscer dans l'opération et la faire dévier. La politique, avec ses ambitions et ses rouerîes, avec ses méfiances et ses haines, n'y tenait aucune place, et n'y a jamais exercé la moindre action, jamais joué le moindre rôle. En dehors et au-dessus de tous les partis, la *Caisse départementale des Incendiés* est demeurée ce qu'elle a été dès l'origine, une œuvre d'assistance mutuelle et de philanthropie. En la créant, il y a un siècle, nos pères, hôtes d'un pays qui mérite bien d'être qualifié, lui aussi, de pays de sapience et de prudence, nos pères ont devancé leur temps ; ils ont été des mutualistes avant l'heure, et, selon l'exacte et encourageante réflexion de M. Paul Deschanel, « si tous les départements de France avaient suivi votre exemple, et si cet exemple avait été étendu à toutes les formes de l'activité humaine, la question sociale serait bien près d'être résolue ».

*
* *

Dès le matin, par ce beau dimanche d'août, — car le soleil était de la partie, et d'autant mieux accueilli, d'autant plus apprécié, que la saison avait été jusque là exceptionnellement pluvieuse, — toutes les rues de Bar étaient sillonnées de nombreux promeneurs, animées par une foule qui s'accroissait d'instant en instant. Chaque train amenait son contingent d'invités : conseillers généraux ou d'arrondissements, maires, conseillers municipaux. Pas une commune qui n'ait envoyé son ou plutôt ses représentants.

A neuf heures, une messe commémorative était célébrée à l'église Saint-Jean, et, en un éloquent discours, M. l'abbé Mouzon rappelait la part prise par le clergé meusien dans les débuts et les succès de la *Caisse départementale*.

Le rendez-vous officiel était fixé à dix heures, à l'Hôtel de ville. C'est là qu'est reçu, par les membres du Bureau central de la *Caisse*, M. Paul Deschanel, député, ancien président de la Chambre et membre de l'Académie française, à qui, par le choix le plus heureux et le plus légitime, la présidence de la fête avait été confiée, et qu'accompagnent MM. Barberet, directeur de la Mutualité au ministère de l'Intérieur, et Habert, préfet de la Meuse. MM. les sénateurs, députés et conseillers généraux se trouvaient réunis dans le cabinet du maire de Bar, **M.** Edouard Thirion, qui présente les souhaits de bienvenue au président, et se fait auprès de lui l'interprète des sentiments de la population barrisienne, heureuse d'acclamer le nom de Deschanel, deux fois cher à la démocratie et aux lettres.

Puis le cortège se forme, et, précédé des sapeurs-pompiers de Bar-le-Duc, aux accords de leur excellente musique, il se dirige vers la Salle des Fêtes. Plusieurs centaines d'invités y sont déjà rassemblés, se pressent et se succèdent devant les vastes graphiques, qui figurent la marche ascendante de la *Caisse départementale,* de ses multiples opérations et aussi de sa fortune.

Sur l'estrade, et pendant qu'une salve d'applaudissements achève de retentir, prennent place, aux côtés de M. Paul Deschanel, M. Edmond Develle, sénateur, président du Conseil général ; M. le Préfet de la Meuse ; **M.** Barberet ; MM. Boulanger et Poincaré, sénateurs ; MM. de Benoist, Ferrette, Grosdidier et Rousset, députés ; M. Phasmann, président, et M. Paul Varin-Bernier, ancien président du Bureau central de la *Caisse ;* M. Jules Develle, ancien député et ancien ministre ; MM. les conseillers généraux ; M. le maire de Bar-le-Duc ; M. Vatin, chef du cabinet du Préfet ; MM. les membres du Conseil de Préfecture ; M. Ferdinand Bonnefond, secrétaire-directeur de la *Caisse ;* MM. Kuss, ingénieur en chef du département, et Merceron, directeur de la Compagnie meusienne ; M. Charles Collin, président de la Société de Secours mutuels de Bar ; M. Labrosse, président du tribunal civil de Saint-Mihiel ; M. Pernet, ancien maire de Bar ; M. Fraizier, inspecteur d'académie ; etc., etc.

M. Edmond Develle prend le premier la parole, et, en termes pleins de cordialité et d'une exquise délicatesse, présente à l'assemblée M. Paul Deschanel et M. Barberet.

Après une courte allocution M. Paul Deschanel remercie les organisateurs de la fête « de l'avoir associé à une date mémorable dans l'histoire du département de la Meuse et dans l'histoire du principe d'association », et rappelant quelle direction « admirable » a présidé pendant un siècle aux destinées de la Caisse, il unit « dans un même hommage ceux qui ont fondé la *Caisse départementale* et ceux qui l'administrent aujourd'hui avec un égal dévouement et une égale intelligence », et signale surtout l'activité de M. Bonnefond, à qui l'on doit les résultats merveilleux acquis pendant ces dernières années, M. Paul Deschanel donne la parole à M. Raymond Poincaré, qui a bien voulu se charger de retracer l'historique de l'œuvre et d'en décrire l'organisation et le fonctionnement.

Cette étude, cette conférence, où l'éminent sénateur a une fois de plus montré avec quelle aisance et quelle clarté, quel humoristique esprit, souvent aiguisé d'ironie ou de malice, toujours plein d'à-propos et de bon sens, avec quelle entraînante éloquence, il sait traiter les plus abstraites questions, parler de chiffres et de statistiques, nous ne la résumerons pas : il est indispensable de la lire en entier pour connaître le passé et le présent de la *Caisse départementale*. Elle était, d'ailleurs, le point capital et le *clou* de la séance, et tous les assistants l'attendaient impatiemment, avidement.

Leur espoir et leur confiance n'ont pas été déçus, et si jamais auditeurs ont été, selon la formule antique, suspendus aux lèvres de l'orateur, c'est bien ceux qui se trouvaient rassemblés, ce jour-là, dans la Salle des Fêtes de Bar-le-Duc. Seuls, les applaudissements qui éclataient à certains passages, à telle constatation de fructueux et mirifiques résultats, par exemple, ou à un hommage de reconnaissance aux services rendus et aux dévouements prodigués, interrompaient le religieux silence qui régnait dans l'enceinte.

A M. Raymond Poincaré succéda M. Barberet, qui, étendant la thèse, exposa, avec une bonne grâce toute familière et aussi avec toute la puissance de persuasion et tout le feu d'un apôtre, les multiples et inappréciables avantages de la Mutualité, particulièrement de la Mutualité française, qui est « sortie de ses limbes, et, comme une fée bienfaisante, plane et rayonne sur tout le pays ».

Ce discours, rempli de faits, étayé d'exemples, de démonstrations et de preuves, a produit sur l'assemblée une impression des plus vives ; pour beaucoup, il a été comme une révélation, et M. le Directeur de la Mutualité peut être certain que la bonne parole si libéralement et chaleureusement semée par lui sur le sol barrisien ne sera pas perdue, qu'elle germera, qu'elle a déjà germé, et qu'il naîtra d'elle une ample récolte.

***

Mais voici qu'un coup de clairon résonne joyeusement : « l'heure de la soupe » est venue ; il est, en effet, plus de midi, et tous les ventres crient la faim.

Vite, on se groupe dans les allées du Parc, les rangs se forment en un clin d'œil, grâce à l'excellente organisation qui préside à la fête : maires et conseillers de chaque canton n'ont qu'à suivre leur fanion, la pancarte où figure en gros caractères le nom de ce canton, et que porte un sapeur-pompier.

Au milieu d'une foule empressée, à la fois curieuse et avenante, qui forme haie sur tout le parcours, le long cortège s'achemine par le boulevard de la Rochelle, Entre-deux-Ponts et le boulevard de la Banque, vers le Lycée, où le banquet est préparé.

Quarante-huit tables, chacune de seize couverts, sont dressées sous une vaste tente, au milieu de la grande cour. Elles portent toutes un numéro très apparent, numéro qui se trouve mentionné sur chaque carte d'invitation, et, en quelques minutes, le temps d'accrocher chapeaux et pardessus au vestiaire, — vestiaire, entre parenthèses, des plus simples et des plus ingénieux, « vestiaire automatique », disait spirituellement l'un des convives, — tout le monde est à sa place, en train à la fois d'attaquer les hors-d'œuvre et d'étudier et d'admirer le menu posé devant son assiette, le charmant et très suggestif dessin dû à l'habile aquafortiste Wlodimir Konarski.

A la table d'honneur étaient assis, à la droite de M. Paul Deschanel : MM. Edmond Develle, Barberet, Grosdidier, Boulanger, Rousset, Jules Develle, Ferdinand Bonnefond et Chastel ; à sa gauche : MM. Habert, Phasmann, Poincaré, de Benoist, Ferrette, Edouard Thirion et Albert Cim.

Huit cents personnes à traiter en même temps, ce n'est pas chose facile, même dans notre plantureux pays de France. Le maître queux barrisien Garteiser a su accomplir ce tour de force à la satisfaction de tous ; non seulement, sans parler des vins, du pineau notamment, qui ont d'emblée conquis tous les suffrages, les plats étaient nombreux, abondants et succulents, mais le service s'effectuait sans hésitations ni fausses manœuvres, avec une étonnante promptitude, une régularité admirable.

Le moment solennel des toasts est arrivé : M. le Préfet se lève ; il fait l'éloge de la *Caisse départementale* et de ses fondateurs, célèbre le grand mouvement mutualiste qui s'étend, à l'heure qu'il est, d'un bout de la France à l'autre, et qui finira par « former la cité idéale, faite de fraternité, de bonheur, de paix et de concorde ». Il termine en plaçant cette fête sous les auspices du chef de l'État, de M. Émile Loubet, qui s'est proclamé lui-même « le premier mutualiste de France », et en l'honneur de qui il lève son verre.

Les applaudissements vibrent de toutes parts, et la musique des sapeurs-pompiers, qui, durant le banquet, a fait entendre ses meilleurs morceaux, entame la *Marseillaise*, qu'on écoute debout, et que toute l'assistance acclame. A cet instant, l'aspect de la salle est vraiment imposant et superbe.

Le calme rétabli, M. Paul Deschanel monte sur la coquette petite scène dressée au fond de la salle, derrière la table d'honneur, et, après avoir remis, au nom du Gouvernement, la médaille d'or de la Mutualité à **M. Raymond Ulrich**, vice-président de la Société de Secours mutuels, après avoir annoncé que « d'autres personnes, qu'il n'a pas besoin de nommer, parce que leur nom est sur toutes les lèvres, méritent des récompenses, soit équivalentes, soit plus hautes », ce qui provoque sur-le-champ un bravo général et le cri unanime de « Bonnefond ! Bonnefond ! » il remercie les orateurs qui l'ont précédé : M. Poincaré d'abord, à qui il rappelle le joli mot de Louis XIV à un prédicateur illustre : « Je vous louerais davantage, si vous m'aviez moins loué » ; **M. Barberet** ensuite, le plus infatigable et, malgré son âge, le plus jeune des champions de la Mutualité. La Mutualité, M. Paul Deschanel va nous en parler à son tour, nous décrire son rôle, ses diverses formes, l'extension considérable qu'elle a prise dans ces derniers temps, les merveilleux résultats qu'elle a produits et qu'on est en droit d'attendre d'elle. Son discours, très habilement ordonné, débité d'une voix chaude, claire, bien timbrée, aux inflexions harmonieuses et savantes, une voix des plus sympathiques et des plus captivantes, peut être considéré comme le complément et le couronnement de celui de M. Barberet, que nous avons entendu le matin, à la Salle des Fêtes. M. Paul Deschanel conclut en buvant « à la gloire immortelle de la République, à la puissance française, à la noble ville de Bar-le-Duc, au département de la Meuse et à leurs éminents représentants, à la *Caisse départementale* et aux hommes qui l'ont conduite au degré de prospérité où nous la voyons aujourd'hui ».

Pour clore la fête, des chansonnettes, des monologues,

des scènes fantaisistes et comiques, une délicieuse matinée théâtrale, où les artistes, Mme Arnold Deligat, Mme Jules Egly, MM. Georges Launay et F. Dupuis, recueillent de fréquents applaudissements, et où M. Pol Chevalier, l'aimable conseiller général, que ses devoirs et ses multiples occupations n'empêchent pas, fort heureusement pour nous, de courtiser les Muses, obtient le plus franc succès avec sa désopilante comédie, *Un Accident de Ménage*, une *première !* Aussi, à la chute du rideau, tout le monde de réclamer l'auteur et de le saluer de bravos et d'acclamations.

Tel est le bilan de cette belle et excellente journée, de cette magnifique et grandiose manifestation, qui s'est déroulée — chacun se plaisait à le constater — sans le moindre achoppement, sans nul accroc. Elle fait le plus grand honneur à ceux qui l'ont organisée, particulièrement à M. l'ingénieur Merceron, président de la Commission du Centenaire, qui a montré là, une fois de plus, ses remarquables qualités d'ordre et de méthode. Qu'elle soit, dans cette sereine et souveraine perfection, de bon augure pour l'avenir de la *Caisse départementale*, et demeure comme l'emblème de ses destinées !

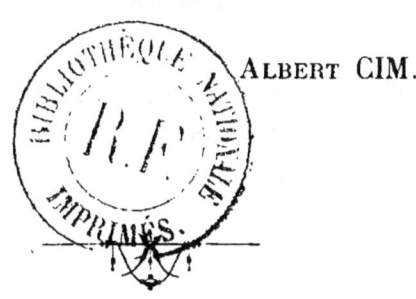

Albert CIM.

COMITÉ D'ORGANISATION

MM. **G. MERCERON,** ✿ A, Ingénieur des Arts et Manufactures, Directeur de la Compagnie Meusienne de Chemins de fer, Président de l'Union technique des Chemins de fer d'Intérêt local et des Tramways de France. — *Président du Comité.*

F. BONNEFOND, Secrétaire de la Caisse départementale des Incendiés.

Ch. BUSSELOT, ✶, ancien Maire de Bar-le-Duc.

P. CHEVALIER, Avoué, Conseiller général de la Meuse.

L. KRICK, Pharmacien, ancien 1er Adjoint de Bar-le-Duc.

G. MAUPAS, Secrétaire-Adjoint de la Caisse départementale des Incendiés. — *Secrétaire du Comité.*

J. ROBIN, ancien Négociant, Président de la Société de Secours Mutuels, à Ligny-en-Barrois.

M. EDMOND DEVELLE

ALLOCUTION DE M. EDMOND DEVELLE

Sénateur,
Président du Conseil général de la Meuse.

Messieurs,

C'est avec une joie bien légitime que la Caisse départementale des Incendiés de la Meuse célèbre aujourd'hui le centième anniversaire de sa fondation.

Elle a le droit d'être fière de son œuvre.

La manifestation imposante à laquelle nous assistons laissera dans tous les esprits une impression féconde et nous donnera une ardeur nouvelle pour continuer notre tâche.

Le Bureau central de la Caisse a eu l'heureuse inspiration d'offrir la présidence de cette fête à M. Paul Deschanel, député, ancien président de la Chambre, membre de l'Académie française. Il nous a fait l'honneur de l'accepter, nous lui en sommes profondément reconnaissants. (*Applaudissements.*)

Ai-je besoin de vous présenter M. Paul Deschanel ?

Il porte un nom connu de tous, deux fois cher à la démocratie et aux lettres. Il arrive parmi nous précédé de la renommée que lui ont value l'éclat de son talent et l'élévation de son caractère.

Fils de M. Emile Deschanel, ce vaillant et pur républicain qui fut l'une des illustrations du Parlement et du Collège de France, il n'a point failli à sa noble origine.

A seize ans, il est licencié ès-lettres. A peine majeur, il débute dans l'administration comme Sous-Préfet, et commence d'écrire au *Journal des Débats* où il publie pendant dix ans, avec un succès toujours croissant, de remarquables articles d'histoire et de littérature. L'Académie française couronne ses ouvrages, en attendant qu'elle lui ouvre ses portes. Il prépare ainsi par l'étude et par la pratique son éducation d'homme d'Etat. En 1885, il entre à la Chambre des députés armé de toutes pièces ; bientôt il y joue un rôle considérable et y obtient des succès retentissants. Ne s'inspirant que des intérêts supérieurs du pays, dédaignant les polémiques abaissées, n'aimant à intervenir que dans la grande lutte des doctrines et des principes, il y continue les plus belles traditions de l'éloquence parlementaire. Il y défend courageusement la vérité, la justice, la liberté. Tous ses discours — qu'il s'agisse de politique intérieure ou extérieure, de l'intérêt du travail national, de la marine, des colonies, — contiennent des vues profondes, exprimées dans un langage magnifique. (*Applaudissements.*)

Appelé à la présidence de la Chambre des députés par la confiance de ses collègues, vous savez avec quel tact et quelle dignité il exerçait sa noble magistrature, avec quelle autorité faite de bonne grâce et de fermeté il dirigeait les débats et savait dominer les entraînements des partis.

Mais, ce n'est pas seulement l'orateur et l'académicien que nous saluons ici, c'est surtout le fervent apôtre de la mutualité et de la solidarité sociale que nous voyons prodiguer sans cesse et partout le fruit de son expérience et la sagesse de ses conseils ; c'est le patriote ardent, qui, dans sa superbe harangue de Carmaux, s'écriait : « Les hommes de notre génération qui ont vu d'abord le monde aux lueurs sinistres de l'invasion et de la guerre civile, se sont voués au relèvement de la Patrie ; c'est notre mission historique, nous avons voué à cette cause toutes nos forces et toute notre âme. » Nobles paroles qui ont fait vibrer nos cœurs de frontière ! (*Applaudissements.*)

Messieurs, nous adressons nos remerciements bien sincères aux amis de la Caisse départementale qui ont mis tant d'empressement à accueillir notre invitation : sans distinction d'opinion, ils sont venus des divers points du département, pour s'associer à la célébration de cet anniversaire, car ils savent que notre belle Institution, institution de haute prévoyance et de vraie philanthropie, n'est la propriété d'aucun parti : œuvre de tous, elle appartient à tous.

Nous sommes heureux de voir réunis ici, dans un sentiment commun, aux côtés de M. le Préfet de la Meuse, les chefs de la Magistrature, des Administrations, de l'Enseignement, dont la présence atteste l'intérêt qu'ils portent à notre Œuvre et la sympathie qu'elle leur inspire ; les principaux représentants de l'Industrie, du Commerce et de l'Agriculture qui nous ont constamment soutenus et encouragés ; les dignes mandataires de nos Municipalités, qui, toujours soucieux du bien public, ont été, en tous temps, nos auxiliaires les meilleurs, nos collaborateurs les plus dévoués ; les membres de la Presse qui, plaçant l'intérêt du pays au-dessus des luttes et des querelles des partis, nous ont prêté leur appui et le concours de leur action vulgarisatrice.

Permettez-moi de vous présenter aussi M. Barberet, l'éminent et si dévoué Directeur de la Mutualité au Ministère de l'Intérieur, l'un des principaux auteurs de la loi bienfaisante du 1er avril 1898 qui a émancipé les Sociétés de Secours Mutuels et ouvert devant elles un horizon sans limites. (*Applaudissements.*) Sa place était marquée au premier rang dans notre fête meusienne.

Dans quelques instants, mon collègue, M. Poincaré, avec le talent que vous lui connaissez, retracera l'histoire de la Caisse, décrira son organisation et son fonctionnement, mettra en lumière les immenses services qu'elle a rendus ; je me bornerai à constater, en ce moment, qu'elle compte 64,000 assurés, que le montant des assurances s'élève à 590,000 francs et que le fonds de réserve atteint sept millions deux cent mille francs. Ces magnifiques résultats, qui dépassent toutes les prévisions et toutes les espérances, c'est à vous, Messieurs, c'est à vous tous que la Caisse départementale les doit ; au large esprit de solidarité qui vous anime ; à une administration sage et éclairée, secondée par un personnel d'élite ; à l'expérience et à l'habile direction des Présidents distingués que nous avons eu la bonne fortune d'avoir à notre tête ; à l'activité, à l'intelligence, au dévouement de M. Bonnefond, que je ne puis mieux louer qu'en rappelant les termes d'une délibération prise en son honneur par le Bureau central dans sa séance du 3 août dernier : « C'est grâce à son esprit d'initiative, à ses qualités de travailleur infatigable, à sa connaissance parfaite du département, à ses efforts continus, que la prospérité de la Caisse n'a fait que s'accroître, que le produit annuel des assurances, le chiffre des revenus et le montant du capital de réserve ont plus que doublé. » (*Applaudissements.*)

Messieurs, confondons dans le même hommage de

reconnaissance les ouvriers de la première et de la dernière heure ; les hommes prévoyants et généreux qui eurent, il y a un siècle, l'intuition du rôle qui devait être réservé, dans la société moderne, à l'association et à la solidarité, et jetèrent les fondements de la Caisse départementale des Incendiés ; les générations successives qui ont poursuivi leur œuvre avec courage et persévérance ; ceux enfin qui ont donné son couronnement à l'admirable édifice bâti sur le roc, qui, à cette heure, abrite et protège les trois quarts du département de la Meuse : saluons-les avec respect, car ils nous ont donné un grand exemple ! (*Applaudissements.*)

Comme eux, Messieurs, ayons foi dans l'association, qui multipliant les forces par l'union enfante des miracles, dans la solidarité qui rappelle à l'homme qu'il ne doit pas se considérer comme un être isolé ayant le droit de ne penser qu'à lui-même et l'élève à la vie sociale ; ayons foi dans la Mutualité qui est le moyen le plus efficace de conjurer les fléaux de la vie, d'améliorer le sort de tous, d'assurer la sécurité du travail et de la vieillesse. Espérons que, dans un temps prochain, grâce au groupement des énergies individuelles, à l'harmonie des volontés et des cœurs, nous verrons naître la véritable unité morale de la nation et se réaliser enfin l'idéal de justice, d'humanité et de paix qui est celui de la Démocratie française. (*Applaudissements répétés.*)

REMERCIEMENTS DE M. PAUL DESCHANEL

Membre de l'Académie Française,
Député,
Ancien Président de la Chambre des Députés.

Mesdames, mes Chers Concitoyens,

Je suis profondément ému de votre cordial accueil et des paroles beaucoup trop bienveillantes que vient de m'adresser M. le Président du Conseil général.

Il ne pouvait me toucher davantage qu'en évoquant tout d'abord le souvenir du vaillant républicain que je pleure, (*Applaudissements*) et dont la vie tout entière a été un modèle de vertu et de noblesse morale. (*Applaudissements.*)

C'est pour moi une singulière bonne fortune de me trouver ici avec M. le Préfet de la Meuse, avec vos représentants au Sénat et à la Chambre — parmi lesquels je compte des amis bien chers et anciens, — au milieu de vos conseillers généraux, de vos conseillers d'arrondissement et de vos maires, dans cette cité illustre, toute remplie de souvenirs héroïques et glorieux.

Vous rappeliez tout à l'heure, Monsieur le Président, un discours dans lequel j'exprimais ce qui est au plus profond de notre être : notre raison d'agir, de croire et d'espérer, la raison pour laquelle nous sommes entrés dans la vie publique.

Oui, les hommes de ma génération, ceux qui sont nés à la vie intellectuelle dans les malheurs de la Patrie, ceux-là, je puis vous le dire, n'ont pas cessé un seul jour de vivre au milieu de vous par la pensée et par le cœur.

Il me semble qu'ici, près de cette frontière, mon cœur bat plus vite et plus fort. (*Applaudissements.*)

Je vous suis reconnaissant de m'avoir associé à une date mémorable dans l'histoire du département de la Meuse et dans l'histoire du principe d'association.

On peut dire, pour qualifier votre Œuvre, que si tous les départements avaient suivi votre exemple et si cet exemple avait été étendu à toutes les formes de l'activité humaine, la question sociale serait bien près d'être résolue.

Vous avez supprimé l'actionnaire, le dividende ; vous n'avez pas de commissions à payer à des agents ; vous avez très peu de frais généraux : tout ce que vous économisez ainsi, ce sont les assurés qui en profitent. N'est-ce pas l'idéal : la suppression des intermédiaires inutiles, au profit de la démocratie tout entière ? (*Applaudissements.*)

Vous devez ces résultats à une chance unique, à une Direction admirable qui s'est poursuivie pendant un siècle, et je suis assuré d'être l'interprète des sentiments de tous, en unissant dans un même hommage ceux qui ont fondé votre Caisse départementale et ceux qui comme M. Bonnefond, l'administrent aujourd'hui avec un égal dévouement et une égale intelligence. (*Applaudissements.*)

Messieurs, je n'insisterai pas, car j'ai hâte, comme vous, d'applaudir à l'éloquence de mon ami Raymond Poincaré. Je me rappelle qu'il y a quelques années, en 1897, si je me rappelle bien, il a eu la bonne grâce de venir dans le chef-lieu de l'arrondissement que j'ai l'honneur de représenter, dans la capitale du Perche, à Nogent-le-Rotrou, avec une cinquantaine de nos collègues, pour fêter une de mes réélections à la vice-présidence de la Chambre. Je lui en suis demeuré très reconnaissant, et je suis heureux de me retrouver avec lui, avec nos collègues, avec des amis tels que M. Barberet. (*Applaudissements prolongés.*)

Je donne la parole à M. Raymond Poincaré.

M. RAYMOND POINCARÉ

CONFÉRENCE DE M. RAYMOND POINCARÉ

Sénateur,
Vice-Président du Conseil général de la Meuse (¹).

Messieurs,

Vous voudrez certainement qu'avant de vous remercier vous-mêmes de vous être rendus, si nombreux et si empressés, à l'appel de la Caisse départementale, j'exprime à M. Paul Deschanel, notre commune reconnaissance pour l'honneur qu'il nous a fait, en acceptant, avec sa bonne grâce accoutumée, la présidence de cette Fête meusienne.

Je suis sûr d'être l'interprète de vos sentiments unanimes, si je lui répète, après M. le Préfet, après M. le Président du Conseil général, après M. le Maire de Bar-le-Duc, qu'il ne rencontrera dans cette Assemblée, fidèle

---

(1) M. Raymond Poincaré a été nommé Ministre des Finances par Décret du 14 mars 1906.

image de notre département, que des admirateurs de son talent et de son caractère. (*Applaudissements.*)

Lorsqu'il s'est agi de choisir un homme qui fût désigné par son mérite, par son passé, par les services rendus à la Mutualité, pour prêter un concours efficace à la célébration de ce Centenaire, l'accord s'est fait sans peine, mon cher ami, sur votre nom.

Nous savons tous qu'à la Chambre, dans les batailles politiques, vous apportez à défendre vos opinions personnelles une vaillance et une ardeur qui sont la meilleure marque de votre loyauté. Mais votre élégante courtoisie sait forcer l'estime de ceux-mêmes dont vous combattez le plus vivement les doctrines ; vos contradicteurs les plus passionnés rendent justice, tout à la fois, à la sincérité de vos convictions et à la belle tenue de cette éloquence que nous venons déjà une première fois, mais non pas la dernière, d'applaudir. (*Applaudissements.*)

L'Académie française vous a appelé à elle...

— Elle vous y appellera, Poincaré, elle vous y appellera, interrompt M. Deschanel au milieu des applaudissements de tout l'auditoire.

— ... mais elle vous a appelé déjà, et très légitimement. Elle vous a appelé comme un des plus purs, je dirais volontiers un des plus classiques, parmi les orateurs parlementaires. Et vous donnez, en effet, l'exemple, malheureusement trop rare, d'un représentant français qui ait à cœur de parler toujours français. (*Applaudissements.*)

Cette langue ferme et châtiée, ce style oratoire plein de force et d'ampleur, ne vous servent, mon cher ami, qu'à exprimer des pensées généreuses et à soutenir de nobles causes. Et l'une des matières où s'exerce le plus volontiers votre merveilleuse parole, c'est précisément celle qui nous intéresse le plus aujourd'hui : la Mutualité, ses origines, ses bienfaits, son développement, son avenir.

Jamais peut-être, mon cher ami, vous ne trouverez

occasion de traiter, en présence de résultats plus brillants, cet inépuisable sujet. (*Applaudissements.*)

La Fête que vous êtes venu présider est vraiment, dans toute l'acception du terme, la Fête de la Fraternité.

Les haines politiques elle-mêmes ont momentanément désarmé. Des adversaires d'hier, destinés certainement à le redevenir demain, ont suspendu dans un armistice de 24 heures leurs polémiques et leurs discordes. Vous les voyez autour de vous, réunis dans un même sentiment, tant il est vrai qu'il y a encore certaines choses sur lesquelles les hommes les plus divisés peuvent arriver, ne fût-ce qu'un jour, à s'entendre, lorsqu'ils en ont franchement la volonté. (*Applaudissements.*)

La diversité des opinions qui sont représentées ici vous prouve, en tout cas, que les organisateurs de cette solennité n'ont eu aucune arrière-pensée politique, et lorsqu'on les a récemment accusés de je ne sais quelles combinaisons machiavéliques, on ignorait, sans doute, que cette réunion était ouverte à tous les partis, et que si quelqu'un s'avisait d'y défendre, même indirectement, des intérêts électoraux, il serait rapidement rappelé aux convenances par le bon sens de cet auditoire. (*Applaudissements.*)

**

Pourquoi ne le dirais-je pas, d'ailleurs ? Ce n'est pas la représentation fort hétérogène du département de la Meuse qui a proposé la célébration de ce Centenaire ; c'est l'infatigable Secrétaire de la Caisse, M. Bonnefond, qui a spontanément soumis ce projet au Bureau central et dont l'énergique conviction a entraîné les plus indifférents.

Quant à moi, s'il m'est permis d'ajouter un mot personnel, je m'étais bien promis de n'assister à cette Fête que comme mes collègues du Conseil général et comme vous tous, Messieurs, en auditeur attentif et silencieux ; et si j'ai, finalement, après des refus réitérés, consenti à prendre la parole, c'est sur les vives et flatteuses instances du Bureau central, qui a voulu qu'un Meusien vous présentât l'historique de la Caisse, et qui m'a amicalement imposé cette mission plutôt encore qu'il ne me l'a confiée. (*Applaudissements.*)

A quelle pensée M. Bonnefond et le Bureau central ont-ils obéi en projetant de commémorer le Centenaire de la Caisse ? Il n'est pas difficile de le comprendre. Ils se sont dit : « Il est d'usage de célébrer, depuis quelques années surtout, les Centenaires des grands hommes. La fragilité de la vie humaine ne permet pas aux héros de ces cérémonies d'y entendre les discours, souvent un peu fastidieux, qu'on y prononce en leur honneur ; ils sont depuis longtemps couchés dans la tombe. Ce sont des statues muettes, froides représentations des gloires disparues, qui assistent seules aux Centenaires des mortels illustres.

Mais voici une Institution qui a elle-même cent ans ; c'est une Institution humaine, mais elle échappe par bonheur au sort des hommes. Quoique centenaire, elle est très vivante et très robuste. Ne mérite-t-elle pas, elle aussi, qu'on rappelle sa naissance lointaine et qu'on exalte en même temps sa vitalité ? »

Ce dessein parut raisonnable et séduisant, et nos compatriotes l'accueillirent tous avec sympathie.

*
* *

Mais je me suis laissé dire que ce projet avait alarmé quelques intérêts, froissé quelques susceptibilités, éveillé quelques jalousies.

Les quatre Caisses départementales d'assurances qui existent en France, celles de la Somme, des Ardennes, de la Marne et de la Meuse, sont, depuis longtemps habituées à des attaques, dont il est généralement aisé de deviner l'origine. Mais cette fois on nous a fait la part large, et cette hostilité, aussi ancienne qu'impuissante, a pris, sans motifs apparents, une vivacité inattendue. — Pourquoi ce brusque accès d'humeur chagrine et cette crise de malveillance ? La Caisse du département de la Meuse n'est pas une entreprise financière ; elle n'est animée, à l'encontre de qui que ce soit, d'un esprit de concurrence commerciale. Ses administrateurs ne sont, pas plus que la légion de ses auxiliaires, intéressés personnellement dans ses succès, elle n'a pas d'actionnaires à rétribuer, sa prospérité ne profite qu'à ses assurés. Elle n'a cherché son expansion et sa renommée que dans l'évidence de son utilité. Elle dédaignerait d'employer contre d'autres des moyens de propagande indélicats. Elle mériterait donc d'être traitée avec plus de justice par ceux-là mêmes dont elle peut gêner les vues particulières ou déjouer les combinaisons. Elle ne se plaint pas, au demeurant, de la maladroite violence de ces partis-pris. Quelques précautions qu'imaginent les inspirateurs de ces campagnes pour se cacher derrière des personnes de bonne foi, ignorantes du fond des choses, nos compatriotes, qui sont gens avisés, reconnaissent aisément dans l'ombre les détracteurs ordinaires de la Caisse, et, trop fiers pour leur garder rancune, ils se contentent de sourire à ces vieilles connaissances, avec cette ironie défiante et légère qui passe si volontiers sur les lèvres lorraines. (*Applaudissements.*)

Laissons donc, Messieurs, ces pauvres chicanes, et, sans nous attarder davantage à les dénoncer, entretenons-nous en paix, pendant quelques instants, de notre belle Institution meusienne.

**

La Caisse départementale est une personne très âgée et très respectable. Son acte de naissance porte la date du

25 brumaire an XIV. Elle est venue au monde à une heure où le calendrier révolutionnaire allait disparaître et où l'Empire avait déjà succédé au Consulat. Le 25 brumaire an XIV correspond, en effet, au 16 novembre 1805.
— En ce temps-là, Messieurs, l'industrie des assurances n'existait, pour ainsi dire, pas en France. Il n'y avait point de ces grandes Sociétés par actions qui se sont créées depuis et dont je ne songe pas, pour mon compte, à médire, car elles sont une manifestation très intéressante de l'initiative individuelle. Il n'y avait pas non plus de Sociétés d'assurances mutuelles.

Le feu était, cependant, depuis de longs siècles, un redoutable fléau dans les villes et les villages de France. Il arrivait souvent que des groupes de maisons, des rues entières, des quartiers populeux, des hameaux, fussent dévorés par les flammes. Les victimes de ces catastrophes n'avaient aucune certitude d'être secourues.

Autrefois, pendant le moyen-âge, il s'était établi dans certaines villes de Flandre et d'Artois, des gildes ou confréries qui se chargeaient de garantir tant bien que mal les habitants contre l'incendie. Mais dans les campagnes, le paysan, qu'on appelait alors le vilain, n'avait à espérer que l'assistance souvent capricieuse et toujours pesante du seigneur voisin.

Jusqu'au XVIIe siècle, il ne se fonda en France aucune Compagnie d'assurances contre l'incendie. Au XVIIe et au XVIIIe siècles apparurent quelques grandes Sociétés privilégiées ; mais leur action ne rayonna pas sur tout le territoire. La plupart des villes et des villages restèrent exposés, sans aucun espoir de réparation, aux ravages du feu.

L'organisation des secours locaux était tout à fait défectueuse, et d'indemnités proprement dites il n'y avait personne pour en accorder.

***

Dans un remarquable opuscule intitulé : *La lutte contre l'incendie avant 1789*, un homme qui a une haute situation dans le monde des assurances, M. Cerise, cite un exemple bien significatif des désastres que causaient alors les incendies.

En 1718, la ville de Sainte-Ménehould, fut, en quelques heures, entièrement dévorée par les flammes. L'un des habitants sinistrés voulant attirer, sur le sort de ses compatriotes, la pitié des évêques de Verdun et de Châlons, ne craignit pas de leur écrire : « Tous les effets que l'on avait jeté dans la rivière d'Aisne, y furent brûlés ; on vit l'eau bouillir et on retira du poisson cuit. » Récit, ajoute M. Cerise, qui aurait dû naître non sur les bords de l'Aisne, mais bien sur les rives de la Garonne. (*Rires.*)

Sous cette exagération ne se trouvait pas moins la cruelle réalité d'une ruine générale.

Peu à peu, s'accomplirent cependant quelques progrès. Les municipalités imposèrent de plus en plus à l'insouciance bourgeoise l'obligation de fournir des seaux pour combattre les incendies, et le Parlement sanctionna ces délibérations prévoyantes. C'est ainsi qu'à Bar tout propriétaire d'une maison dont le loyer était évalué à 50 livres devait donner à la commune un seau d'osier garni de poix, profond de 15 pouces et large d'un pied. Ce seau portait un numéro apparent comme les automobiles d'aujourd'hui ; il était placé en compagnie des autres seaux bourgeois, dans des dépôts publics où il était facile de pénétrer en cas d'alerte. Peu à peu aussi, on substitua de véritables pompes aux instruments primitifs dont on s'était servi jusqu'alors et qui rappelaient, par la forme, et par la paresse de projection, certains appareils hygiéniques familiers aux médecins de Molière. On améliorait ainsi graduellement les moyens préventifs et les armes de combat : mais l'homme restait encore le plus souvent le vaincu dans cette lutte inégale. Comment, après la défaite, réparait-on les pertes subies ? Les gildes et les confréries avaient disparu. C'était, dès lors, la charité privée qui devait pourvoir à tous les besoins. Loin de moi, Messieurs, la pensée de méconnaître la grandeur de la charité ; elle a fait des prodiges dans des siècles d'égoïsme brutal et de convoitises vulgaires. Mais si elle élève celui qui la pratique, elle risque parfois d'humilier celui qui la reçoit. Comme elle n'a pour règles que nos instincts de générosité, comme elle est un devoir pour les riches sans jamais donner aucun droit aux malheureux, elle est presque fatalement incertaine, inégale et arbitraire.

Le régime des aumônes et des secours n'était, pour les incendiés, qu'un bien faible commencement de satisfaction. Mais il serait puéril et injuste de nier qu'à l'époque où il vint à fonctionner avec un peu de régularité, principalement sous l'inspiration et le contrôle des évêques, il constitua une nouveauté bienfaisante.

On réunissait parfois des fonds assez considérables pour pouvoir amasser des réserves, et, en centralisant ainsi les sommes qui provenaient de la charité privée, on ouvrait, dans certaines villes, des Bureaux permanents.

M. Salmon, conseiller général du canton de Vigneulles, a communiqué, par exemple, il y a quelques années, à la Société d'économie sociale, une lettre pastorale de l'archevêque de Reims, en date du 3 décembre 1779, dans laquelle ce prélat recommandait de faire des collectes en faveur des victimes du feu. On a également retrouvé un état du produit des quêtes faites au profit des incendiés du diocèse de Toul, entre le 1er mars 1785 et le 25 mars 1786. On voit mentionnés, dans ce document vénérable, les versements des doyennés de Bar, de Commercy, de Ligny, de Gondrecourt, de Vaucouleurs.

Mais toute cette organisation charitable, si louable qu'elle fût, était très insuffisante et laissait bien des misères inconsolées.

**

En même temps se formaient les premières Compagnies d'assurances contre l'incendie : la Chambre ou Société d'assurances générales, fondée en 1753 ; la Compagnie générale d'assurances contre les incendies, fondée en 1786 ; d'autres encore à la suite. Mais ces diverses entreprises privées, approuvées par des arrêts du Conseil, n'eurent qu'une existence éphémère. Vivement combattues par Mirabeau, qui les considérait comme de redoutables puissances financières, elles furent renversées par la Révolution et écrasées dans la chute de la Royauté.

Au commencement du XIXe siècle, l'assurance contre l'incendie restait donc à inventer. En 1805, le préfet de la Meuse, qui s'appelait Leclerc, frappé de cette déplorable lacune, eut l'heureuse idée de créer une Caisse départementale de secours : il suivit en cela l'exemple de son collègue de la Marne, qui s'était lui-même inspiré du modèle qui lui avait été fourni par les Ardennes.

C'est ainsi dans la région du Nord-Est, pays de bon sens, de travail et d'épargne, qu'a été imaginé cet admirable mécanisme dont le fonctionnement a, depuis lors, soulagé tant d'infortunes. (*Applaudissements.*)

Le préfet Leclerc consulta, comme il le devait, son chef hiérarchique, le ministre de l'Intérieur, qui était Champagny. Ce dernier donna, avec empressement, son approbation au projet qui lui était présenté, et, le 25 Brumaire an XIV (16 novembre 1805), le préfet signait l'arrêté qui fixait l'état-civil de la Caisse naissante.

Il est curieux de relire, après un siècle, les principaux passages de cette décision :

« *Considérant que, malgré la prévoyance de l'administration, il arrive annuellement des incendies qui causent de grands maux ; que le fonds de non-valeurs destiné à réparer les pertes occasionnées par ces accidents n'est point suffisant, et que la distribution ne peut être assez prompte pour secourir efficacement ceux qui en sont les victimes ;*

« *Considérant que l'humanité réclame en faveur des incendiés un établissement qui puisse suppléer à l'insuffisance des moyens existants et que la création d'une Caisse de secours offre cet avantage.* »

Ce préambule contient, vous le voyez, la constatation sincère du fâcheux état de choses auquel le Préfet de la Meuse cherchait à remédier.

Immédiatement après ces considérants, vient l'article 1er qui est ainsi conçu :

« *Il sera établi dans la ville de Bar-sur-Ornain, chef-lieu de la préfecture, sous la surveillance du préfet, une Caisse de secours pour les incendiés du département.* »

L'article 2 est très important : il proclame le principe essentiel sur lequel va reposer la Caisse ; la liberté des adhésions et des offrandes. En même temps, il nous fait connaître l'origine du Bureau central.

Article 2 : « Cette Caisse se composera de secours et de dons offerts par la bienfaisance, et du produit des quêtes qui seront faites, chaque année, dans toutes les communes du département à l'époque ci-après fixée. Elle sera administrée par un Bureau central, composé de 7 membres, dont 4 seront domiciliés au chef-lieu du département et 3 dans les arrondissements communaux de Commercy, Montmédy et Verdun. » L'article 3 désigne les premiers membres du Bureau central, et nous trouvons, dans cette liste, des noms qui nous sont bien connus, qui sont chers à plusieurs d'entre nous et qui évoquent de vieux souvenirs meusiens : MM. Moreau, membre du Conseil général ; Ficatier, membre du Conseil d'arrondissement de Bar-sur-Ornain ; Olry, ex-constituant et juge au Tribunal de 1re instance au même arrondissement ; Humbert, directeur des contributions, tous domiciliés audit Bar ; Rouvrois, membre du Conseil général, résidant à Saint-Mihiel ; Jodin, ex-législateur, demeurant à Saint-Mihiel, et Catoire, membre du Conseil général, résidant à Verdun.

L'article 4 organise les Bureaux particuliers, à la tête desquels sont déjà placés les maires ; l'article 10 règle la vérification des sinistres ; l'article 12 fixe la répartition des secours définitifs ; l'article 19 fait appel à la collaboration des municipalités, des curés et des desservants.

***

En rédigeant cet arrêté, le préfet Leclerc ne se doutait guère, je pense, que 100 ans plus tard, il se rencontrerait des gens, à l'esprit ingénieux ou inquiet, pour prétendre que les maires de la Meuse, en célébrant une Institution qui est la leur, s'associeraient à je ne sais quelles manifestations électorales ; et M. Champagny, ministre de l'Empire en 1805, ne s'imaginait guère, non plus, qu'en 1905 on interprèterait inexactement une circulaire de mon ami M. Trouillot pour vous accuser, Messieurs, de vous livrer, dans l'exercice de vos fonctions, à des opérations commerciales. (*Applaudissements.*)

Pas plus en 1805 qu'aujourd'hui la Caisse n'a ressemblé à une affaire commerciale ou industrielle. Elle a été, dès le début, un établissement d'assistance mutuelle, et, dès le début aussi, elle a été placée, par la clairvoyante volonté de nos compatriotes, en dehors et au-dessus de tous les partis. (*Applaudissements prolongés.*)

***

Ses commencements ont été, d'ailleurs, modestes et même pénibles. Je vous parlais, tout à l'heure, des centenaires d'hommes illustres. Combien de fois les orateurs, qui prennent la parole dans ces solennités, sont-ils amenés à dire : « Ce grand savant qui a révolutionné la chimie, cet écrivain qui a jeté tant d'éclat sur notre littérature nationale, cet artiste dont le génie primesautier a si admirablement interprété la nature, ils ont été des collégiens indisciplinés ou des élèves médiocres ; ils ont échoué à leurs premiers examens, et ce n'est que plus tard, dans l'épanouissement de l'adolescence, qu'ils ont commencé à se révéler. »

Il en a été un peu de même, Messieurs, de notre Caisse départementale ; elle a longtemps végété ; elle a d'abord inquiété et désespéré ses parrains ; elle ne s'est développée qu'après d'assez rudes épreuves. Lorsque l'on compare à la situation actuelle de la Caisse ces commencements craintifs et laborieux, on est émerveillé de ce que peuvent faire, avec la collaboration du temps, l'intelligence et l'énergie humaines.

La Caisse départementale de la Meuse est vraiment fille de la persévérance et de la ténacité meusienne. L'exemple qu'elle nous offre est de nature à nous donner les meilleures espérances pour l'avenir des institutions similaires que nous avons créées dans la Meuse : les Caisses départementales d'assurances contre la grêle et contre la mortalité du bétail.

**

De 1805 à 1822, l'établissement que nous célébrons aujourd'hui a fonctionné, Messieurs, comme Caisse de secours, sans que les adhérents eussent encore des droits positifs dans le règlement des indemnités. Les sommes allouées aux sinistrés étaient, en général, très faibles par rapport aux pertes ; mais nos compatriotes, qui n'aiment pas à récolter leur blé en herbe et qui savent faire confiance à l'avenir, se disaient avec résignation : « Prenons patience ; contentons-nous de ce que nous avons, les choses iront mieux plus tard, nos arrière-neveux profiteront de nos efforts et moissonneront ce que nous avons semé. »

La Caisse départementale, vivifiée par la liberté, n'étant pas entravée par les liens de l'obligation, n'ayant dans son organisation rien de coercitif, contenait, du reste, en elle-même, ces forces latentes d'adaptation, de transformation, de perfectionnement, qui sont le propre des Institutions libres. Elle empruntait progressivement à l'expérience les améliorations dont la nécessité paraissait démontrée et, au fur et à mesure des constatations faites, elle assouplissait son fonctionnement et se pliait de plus en plus aux convenances des populations.

C'est ainsi que ses Statuts furent remaniés successivement par une série d'arrêtés préfectoraux, en 1812, 1816, 1818, 1819, 1820, 1821. L'histoire de cette institution nous montre donc, la tradition et le progrès harmonieusement combinés pour le bien du pays et collaborant, en quelque sorte, à une œuvre commune, au lieu de se heurter, comme il arrive trop souvent, en de stériles conflits. (*Applaudissements.*)

Sous la Restauration, les Compagnies d'assurances réapparurent : la plus ancienne date, si je ne me trompe, de 1819. Elles cherchèrent, comme c'était leur droit, à s'étendre sur la Meuse comme sur les autres départements. Cette concurrence fut, pour la Caisse départementale, un vif et précieux stimulant. En 1822, pour la mettre à même de mieux lutter contre ses rivaux, le Bureau central et le Préfet jugèrent à propos de remanier les Statuts. La Caisse fut dorénavant organisée de manière à pratiquer l'assurance à primes fixes, sans cesser de s'appuyer sur la mutualité et sur la liberté d'association.

L'arrêté du 27 octobre 1822, signé par M. le préfet Romain, s'exprime ainsi :

« *Vu les délibérations du Conseil général du département, en date des 4 et 5 septembre dernier, qui vote un fonds sur les exercices 1822 et 1823 pour accroître les secours à distribuer aux incendiés ;*

« *Considérant que cet éclatant témoignage des heureux effets qu'a obtenus jusqu'aujourd'hui cette utile Institution, et des avantages qu'on peut en attendre pour l'avenir, doit engager l'autorité à lui donner l'extension dont elle est susceptible, et à son administration des soins tout particuliers;*

« *Que l'une des premières mesures à prendre pour atteindre ce but est de réunir en un seul acte toutes les dispositions constitutives et réglementaires de la Caisse des incendiés et d'y apporter quelques changements et modifications qu'une expérience de 17 années et même l'établissement de diverses Compagnies d'assurances ont fait reconnaître nécessaires; après avoir entendu les membres du Bureau central, réunis en Assemblée générale, arrête ce qui suit.* »

Et l'arrêté réglementait alors, dans les moindres détails, l'administration de la Caisse; il la confiait à un Bureau central comprenant désormais 15 membres; il déterminait les fonctions des Bureaux particuliers établis dans chaque commune et composés du maire, du curé ou du desservant, de l'adjoint, de deux membres du Conseil municipal : il fixait la date et le mode des collectes, le moyen de constater les pertes, l'application et la répartition des secours. Et c'est sur ce dernier chapitre qu'apparaissait la nouveauté. Les secours étaient dorénavant dus aux assurés dans des proportions réglementaires.

Art. 30. — Les secours se distinguent en provisoires et définitifs.

Art. 31. — Le complément du secours dû à l'incendié lui est accordé en Assemblée générale.

Art. 32. — En cas d'incendie, le don de chaque incendié sera multiplié par 1200 et la somme en résultant, comparée à la valeur totale qu'avaient, avant l'incendie, les immeubles et meubles auxquels le don était affecté.

Sous ce nouveau régime, la Caisse traversa encore une phase de tâtonnements et de difficultés; et il fallut, pendant quelques années, qu'elle fît appel à la générosité du département.

***

Je m'empresse d'ajouter, Messieurs, que ces allocations exceptionnelles n'ont pas beaucoup alourdi les finances départementales.

J'ai entendu citer, à cet endroit, des chiffres fantastiques. Il m'est, par exemple, tombé un jour sous la main, une brochure, rédigée en 1900 par le Syndicat des agents généraux de l'Ain, afin de mettre en échec un projet de Caisse départementale, qui leur portait ombrage. Je n'ai aucune prévention contre les Agents d'assurances ; loin de là, plusieurs d'entre eux sont de mes amis, ils exercent, d'ailleurs, un métier fort honorable et ils souhaitent très légitimement que ce métier soit lucratif. Mais il leur arrive d'être passionnés, et il faut les en féliciter plutôt que de les en blâmer.

Ceux de l'Ain ont donné, en 1900, l'exemple d'une ardeur très juvénile. Pour tuer dans l'œuf la Caisse qu'ils redoutaient, ils ont écrit très sérieusement, dans leur brochure, que la Caisse Meusienne avait reçu **600.000 francs** de subventions de notre département. Or, savez-vous quelle est la vérité ? Le total des sommes payées à la Caisse par le budget départemental est de 18,000 francs. Vous entendez bien : **18,000 francs !** Ces faibles subventions se sont échelonnées de 1822 à 1827, savoir : en 1822, 4,500 francs ; en 1823, 4,500 francs ; en 1824, 3,000 francs ; en 1825, 3,000 francs ; en 1829, 3,000 francs.

* *

Depuis 1827, la Caisse n'a jamais rien demandé au département ; elle n'en a jamais rien reçu, et nous verrons, en revanche, tout à l'heure, quels sont les services qu'elle lui a rendus et qu'elle continue à lui rendre tous les jours.

C'est en 1834, Messieurs, que la Caisse départementale a pris, à peu de chose près, sa forme définitive.

L'arrêté du 20 décembre 1834, signé par le comte

d'Arros, préfet, constate que la Caisse a déjà répandu ses bienfaits dans la Meuse, et aussi qu'elle y a suscité l'animosité croissante des Compagnies d'assurances :

« *Considérant, dit cet arrêté, que pour consolider de mieux en mieux cette précieuse Institution,* la mettre en état de résister plus utilement aux attaques réitérées de l'intérêt personnel, *et lui assurer enfin, à tous les yeux, ce caractère vraiment municipal qui lui convient, il importe de mettre ses bases administratives en effort avec le régime départemental et de lui donner pour défenseurs et pour soutiens les représentants naturels de tous les intérêts locaux ; que, dès lors, une refonte générale du règlement de 1822 est indispensable.* »

Ainsi, cette hostilité que nous avons vu poindre en 1822, s'est déjà accrue et exaspérée en 1834. Vous pouvez constater, Messieurs, qu'elle ne date pas d'hier : elle est infatigable, subtile et protéiforme. Elle prend tantôt le masque de la vertu, tantôt celui de l'orthodoxie économique, tantôt celui de l'austérité juridique ; mais elle est toujours reconnaissable sous ses déguisements, et si, ailleurs qu'ici, quelques journalistes honorables peuvent s'y laisser tromper, c'est qu'ils ne sont pas renseignés, comme nous, sur ce conflit séculaire.

Donc, en 1834, le nouvel arrêté, s'inspirant des idées de décentralisation administrative, a décidé que la Caisse serait désormais administrée gratuitement par un Bureau central, qui ne serait plus seulement composé de Membres nommés par le Préfet, mais qui comprendrait tous les Conseillers généraux élus du département. Il y avait, en outre, cinq citoyens notables habitant le chef-lieu et désignés par le Préfet sur une liste de présentation dressée par le Bureau central. Aujourd'hui, ces notables sont au nombre de sept, mais, à part cette légère modification, l'organisation de 1834 a subsisté. Depuis 70 ans, les membres du Conseil général de la Meuse, à quelque opinion qu'ils appartiennent, sont, de plein droit, administrateurs de la Caisse. Aucun d'eux n'a jamais songé à voir dans la Caisse un instrument politique.

Depuis 1834, la Monarchie de juillet a disparu ; la Révolution de 1848 a passé ; l'Empire a sombré ; la République est venue et s'est définitivement installée dans le pays ; la Caisse est restée debout, inébranlable. Le régime actuel, qui puise toute sa force dans la souveraineté populaire, n'a pu naturellement que considérer avec sympathie une œuvre qui avait, pour ainsi dire, appliqué, par anticipation, les principes essentiels du Gouvernement démocratique. Mais pas plus aujourd'hui qu'en 1834, la Caisse n'est la chose d'un parti ; elle est le patrimoine commun de tous ses adhérents. Aussi, la liste des Présidents et membres du Bureau central est-elle, depuis un siècle, politiquement très variée ; nous y voyons figurer successivement ou à la fois les noms d'hommes qui ont laissé dans l'Assemblée départementale, ou dans la ville de Bar, des souvenirs ineffaçables, mais qui étaient profondément séparés par leurs opinions. Pour ne parler que des Présidents, ils ont été dix dans cette période d'un siècle, et il n'en est pas un qui ait été choisi par l'esprit de parti. Vous me permettrez, Messieurs, de vous rappeler leurs noms.

C'est d'abord M. Moreau, conseiller de préfecture, qui occupe les fonctions présidentielles de 1806 à 1811 ; c'est ensuite M. Ficatier, en 1812 ; puis M. Humbert, directeur des contributions, de 1813 à 1830 ; après lui, M. Prieur de la Comble, directeur des contributions directes, de 1831 à 1843 ; ensuite M. Félix Gillon, président du Tribunal de Bar, de 1843 à 1870 ; et enfin ceux que les plus jeunes d'entre nous ont pu connaître : M. Millon, dont ses adversaires politiques ont toujours admiré l'élévation morale et qui dirigea la Caisse, avec une remarquable autorité, de 1871 à 1882 ; M. Narcisse Deschamps, l'honorable manufacturier de Lisle-en-Rigault, qui a, comme toute sa famille, donné tant de preuves d'une philanthropie éclairée et qui a conservé la présidence de 1882 à 1887 ; M. Paul Varin-Bernier, que le département trouve toujours prêt à lui rendre service, et, depuis 1901, M. Phasmann, dont il est inutile de faire l'éloge, car il n'y a ici qu'une personne qui ne rende pas toujours justice à ses qualités et à son inlassable dévouement ; et cette personne, qui le connaît si mal, vous l'avez deviné, Messieurs, c'est lui-même. (*Applaudissements.*)

Sous ces présidences successives, la Caisse a conservé le même esprit et, si j'ose dire, le même idéal. Les remaniements de détail introduits dans ses Statuts par les arrêtés préfectoraux de 1882, de 1892, de 1897, n'ont rien changé au caractère essentiel de l'organisation.

La Caisse est toujours administrée par un Bureau central composé indistinctement de tous les membres du Conseil général et comprenant, en outre, sept citoyens notables.

Le Bureau présente à la nomination du Préfet un Secrétaire, — (c'est, depuis 1882, pour le grand bien de la Caisse, l'honorable M. Bonnefond) — un ou plusieurs Secrétaires-Adjoints et un Receveur par arrondissement.

Ces Secrétaires et ces Receveurs constituent, Messieurs, vous le savez, tout le personnel rétribué de la Caisse. Leur traitement annuel est, au total, d'une vingtaine de mille francs. La Caisse n'a à rémunérer ni un Conseil d'administration, ni des Actionnaires, ni des Agents généraux, ni des Sous Agents. Ses frais généraux annuels, y compris le personnel que je viens de dire, la gérance de ses propriétés, les dépenses d'impression et de correspondance, les expertises, le contentieux et les dépenses diverses ne dépassent pas, en moyenne, 50,000 francs, et nous verrons, dans un instant, que cette somme est bien insignifiante au prix du produit des collectes, et même tout simplement au prix des revenus réguliers que rapporte le patrimoine de la Caisse.

***

Cette année, il est vrai, il faudra ajouter aux frais généraux ordinaires la somme que M. le Préfet a autorisé le Bureau central à employer à la célébration du Centenaire. C'est une dépense exceptionnelle de 15,000 francs qui se renouvellera tous les cent ans, et que nous avons, par conséquent, de grandes chances de ne pas voir se reproduire de notre vivant.

Je n'ai été ni de ceux qui l'ont proposée, ni même, en fait, de ceux qui ont eu à l'approuver. Mais je ne puis me défendre d'une certaine surprise, lorsque je vois les adversaires de la Caisse leur témoigner tout à coup, à propos de cette dépense, une sollicitude alarmée. Je ne sais si je m'abuse, mais il me semble que si l'on ne craignait pas que cette fête profitât à la Caisse et lui attirât de nouveaux adhérents, on ne critiquerait pas, avec une sévérité si outrancière, une ouverture de crédit que le Bureau et M. le Préfet n'ont assurément décidée que dans l'intérêt de notre Institution.

Mais je m'excuse de cette digression et j'en reviens à mon objet, c'est-à-dire au mécanisme de la Caisse.

***

Que vous dirai-je à cet égard, Messieurs, que vous ne sachiez autant et mieux que moi ?

Sous le contrôle du Bureau central et de son Secrétaire, opèrent, dans chaque commune, les Bureaux particuliers, chargés du règlement des sinistres. Ces Bureaux particuliers sont composés du Juge de paix du canton, président ; des Conseillers d'arrondissement, du Maire, du Curé, de l'Adjoint, et de trois Membres du Conseil municipal. Ce sont eux qui statuent en premier ressort, après estimation amiable ou expertise contradictoire, sur le montant des indemnités. En cas de contestation, le Bureau central prononce. Si, par impossible, le sinistré n'était pas satisfait, il aurait, tout comme l'assuré d'une Compagnie, son recours devant les Tribunaux ; mais c'est une éventualité qui se produit bien rarement, car la constitution du Jury d'évaluation, l'honorabilité des Membres qui le composent, la facilité qu'ils ont d'être exactement renseignés, la juridiction en quelque sorte familiale dont ils sont chargés, rendent les erreurs improbables et les injustices impossibles.

Vous connaissez également, Messieurs, la manière dont l'assurance fonctionne à la Caisse départementale. Chaque année, en novembre et décembre, le Maire fait annoncer à son de caisse, et le Curé indique, au prône, le jour où la collecte se fera. Ce jour-là, deux ou trois Membres du Bureau communal de la Caisse se présentent chez les habitants, reçoivent leur assurance, encaissent leurs versements et les inscrivent sur deux listes, qui contiennent chacune les nom et qualités de l'assuré, le montant de son versement et l'indication des propriétés ou risques que le versement est destiné à garantir contre l'incendie.

L'une des listes est envoyée à Bar, au siège de la Caisse, l'autre reste à la Mairie. On n'établit donc pas de police individuelle, mais une preuve tout aussi irrécusable, et moins obscure peut-être, du contrat d'assurance, se trouve dans les deux listes de collecte, dont l'une demeure toujours à la disposition de l'assuré.

La Caisse assure contre l'incendie, même causé par la foudre, toutes les propriétés mobilières et immobilières situées dans le département, à l'exception de celles que n'assurent pas les Compagnies elles-mêmes : filatures de coton, entrepôts de poudre, bois et récoltes sur pied, titres, papiers, etc.

Elle assure le risque locatif et le recours des voisins ; elle assure les récoltes en meules ; les risques d'explosions de gaz et des chaudières, et tout cela à des tarifs très réduits, qui ont été abaissés encore en 1892 et qui le seront vraisemblablement davantage.

Dès maintenant, ils sont de 35 à 50 % inférieurs aux tarifs ordinaires des Compagnies, et l'on peut calculer que, sans la Caisse, les Meusiens auraient dû payer environ 8,500,000 francs de plus, en un siècle, pour s'assurer contre l'incendie.

*
* *

Cette modération des tarifs de la Caisse départementale a même eu, dans la Meuse, une conséquence dont les clients des Compagnies d'assurances ne peuvent que se féliciter. Pour lutter contre la Caisse, leur aînée, elles, ses cadettes, elles ont abaissé elles-mêmes leurs tarifs dans le département. Elles ne les ont pas fixés aussi bas que ceux de la Caisse ; mais elles s'en sont rapprochées le plus possible. Plût au ciel que les amis des Compagnies n'eussent jamais combattu pour elles avec d'autres armes que celles-là !

La réduction que les Sociétés d'assurances ont faites dans la Meuse est d'environ 25 % par rapport aux départements voisins. L'économie réalisée par ceux des habitants de la Meuse qui sont assurés à des Compagnies est d'environ, par ce fait, de 40,000 francs tous les ans. Voilà la manière dont la Caisse départementale comprend la vengeance ! Elle fait du bien à tous, aux amis, aux indifférents, aux adversaires.

Il y a mieux. La Caisse dégage tous ses assurés de tous droits de timbre et d'enregistrement, afin que leurs primes soient toujours entièrement affectées à leurs assurances sans aucune retenue. C'est elle qui paie seule les impôts à l'Etat ; et elle a, de ce chef, déjà déboursé, dans le cours de son existence, 1,293,465 francs et quelques centimes, dont le Trésor, méticuleux et avare, s'est bien gardé de lui faire grâce.

La Caisse secourt les incendiés non assurés, s'ils sont

notoirement indigents. Elle accorde des indemnités aux personnes blessées en luttant contre l'incendie. Elle alloue des subventions aux communes pour les aider à acheter des pompes et du matériel de secours. Elle a, jusqu'à présent, distribué, à cet effet, une somme de 676,911 francs. Aussi les 586 communes de la Meuse sont-elles remarquablement outillées pour lutter contre le feu. Nos vaillants pompiers, auxquels je tiens à envoyer en ce jour un salut reconnaissant, (*Applaudissements*) ont à leur disposition, dans toutes nos localités, des engins vraiment capables de seconder leur héroïque dévouement.

Ce n'est pas tout. Vous connaissez, Messieurs, l'article 41 du règlement : « La Caisse assure **gratuitement**, sans aucune condition, tous les risques d'incendie à la charge du département, des communes, des hospices, des bureaux de bienfaisance, des fabriques d'églises, sur bâtiments et mobiliers employés à un service public. » C'est par là, Messieurs, que la Caisse accuse le mieux son caractère d'utilité publique. Elle se fait ainsi l'auxiliaire et la bienfaitrice du département et des communes. Les primes qu'elle a abandonnées en vertu de cet article 41 représentent au minimum, depuis l'origine, 1,400,000 francs ; et l'avantage qu'elle procure, par cette gratuité de l'assistance, à notre pays meusien, profite indistinctement à tous nos compatriotes, même à ceux qui ne sont pas assurés à la Caisse, puisque les immeubles affectés à un service public sont le bien commun de tous les habitants.

Malgré ces larges sacrifices, si libéralement consentis par la Caisse, elle n'a cessé de prospérer depuis qu'elle a triomphé des difficultés initiales. Les chiffres sont ici plus éloquents que tous les commentaires, et je ne crains pas, Messieurs, de fatiguer votre attention en vous en citant quelques-uns.

En 1814, après dix ans d'existence, la Caisse recevait modestement 27,465 francs d'assurances, et sa réserve, péniblement amassée, n'atteignait que 9,167 francs.

En 1824, le produit des assurances s'était élevé à 69,087 fr. 60 c., et la réserve à 33,414 francs. Puis, de période décennale en période décennale, c'est une ascension ininterrompue :

Années.	Assurances.		Réserves.	
1834	90.319	74	126.409	»
1844	120.554	71	948.215	»
1854	166.133	60	1.728.506	»
1864	229.339	30	2.485.999	»
1874	252.948	45	2.878.763	»
1884	294.986	»	3.627.085	»
1894	411.499	75	5.866.794	»
1904	584.330	»	**7.110.288 fr.**	

Cette progression, comme vous le voyez, Messieurs, a été continue depuis un siècle ; elle s'est accentuée dans les vingt dernières années, et cela, en grande partie, grâce à l'intelligence et à l'activité de M. Bonnefond, Mais, même aux heures les moins favorables, la situation de la Caisse n'est jamais restée stationnaire. Cet établissement a gagné, de plus en plus, la confiance de nos concitoyens, parce qu'il l'a toujours méritée. Les Meusiens ne se laissent pas volontiers détourner de leurs attachements. Ils ont l'esprit stable et le cœur fidèle ; ils ne se donnent pas facilement, mais lorsqu'ils se sont donnés, ils ne se reprennent pas à la légère. La devise de Bar n'est-elle pas, d'ailleurs, un peu celle de tout le département ? Nos compatriotes pensent plus qu'ils ne disent ; ils laissent dire les autres, mais ils ne pensent que par eux-mêmes ; ils sont réfléchis et résolus ; ils jugent une institution par son passé, par les résultats obtenus et par les avantages constatés ; et lorsqu'on la dénigre devant eux, leur opinion, loin d'être ébranlée, se trouve fortifiée par l'injustice et l'inanité de la contradiction. (*Applaudissements répétés.*)

∗ ∗

La Caisse a donc aujourd'hui, Messieurs, une réserve de 7,110,288 francs, qui, bien entendu, lui appartient en propre, qui n'est nullement propriété départementale, qui est le patrimoine des assurés, et sur laquelle ceux des habitants qui n'ont pas contribué à la former ne sauraient avoir aucun droit. Cette réserve est composée de valeurs mobilières, de 833 hectares de forêts, de fermes, de prairies et autres immeubles. Elle est assez considérable pour mettre la Caisse à même de parer aux catastrophes les plus formidables et les plus imprévues.

Mais savez-vous, Messieurs, comment la Caisse est arrivée à constituer ce capital de plus de sept millions ? Je vous le donne en mille : en dépensant plus qu'elle n'a perçu !

Je n'invente rien. Ecoutez ! De 1805 au 31 décembre 1904, la Caisse a reçu de ses assurés pour l'assurance de leurs risques d'incendie, 20,081,733 francs. Vous vous rappelez qu'elle a en outre obtenu 18,000 francs de subventions du département en cinq annuités. Ajoutez ces 18,000 francs aux 20,081,733 francs de perception, vous aurez 20,099,733 francs de recettes. Or, depuis qu'elle existe, la Caisse a dépensé des sommes supérieures à 20,099,733 francs. C'est un calcul facile à faire.

Elle a versé d'abord aux incendiés, soit en indemnités, soit en secours aux indigents insuffisamment assurés ou non assurés, 16,651,645 francs.

Je vous ai dit qu'en outre, elle a versé aux communes,

pour les aider à acquérir le matériel de secours contre le feu, 676,911 fr. 87 c.

Je vous ai dit aussi qu'elle a payé à l'État, en droits de timbre et d'enregistrement, 1,293,465 fr. 26 c.

Il faut ajouter qu'elle a accordé au département une subvention de 12,000 francs pour la construction du chemin de fer de Nançois-le-Petit à Gondrecourt, chemin de fer qui dessert une importante forêt de la Caisse.

Enfin, la Caisse a dépensé pour frais d'administration, de contentieux, d'expertises, d'impressions et de poste, une somme de 1,529,550 fr. 75 c., qui représente la faible moyenne de 15,000 francs par an. Faisons l'addition. Nous arrivons, pour les dépenses, dans cette période d'un siècle, au chiffre de 20,163,582 fr. 88 c. Mais les perceptions, vous ne l'avez pas oublié, n'ont été que de 20,099,733 francs. Les dépenses ont donc présenté un excédent de 63,849 fr. 88 c.

Alors, demanderez-vous, par quel sortilège la Caisse, en dépensant plus qu'elle n'a reçu, a-t-elle pu constituer une réserve de plus de sept millions? Les administrateurs sont-ils sorciers? Ont-ils découvert la pierre philosophale?

Non, Messieurs, il n'y a plus de sorciers, et je ne suis pas bien sûr qu'il y en ait jamais eu. Le phénomène que je vous signale n'a rien de merveilleux. Il provient simplement de ce que la Caisse s'est conduite en bonne mère de famille et de ce qu'elle a sagement placé son argent au fur à mesure qu'elle l'encaissait. Si elle avait reçu, un matin, 20,099,733 francs et qu'elle eût dû payer le soir 20,163,582 fr. 88 c., elle se serait fatalement trouvée en déficit de 63,849 fr. 88 c. Mais les choses ne se sont pas passées ainsi. Elle a reçu à certains moments plus qu'elle n'avait à payer. Elle a aussitôt placé en valeurs sûres les sommes disponibles, et ces placements lui ont rapporté des intérêts. Puis elle a acheté des immeubles qui ont eux-mêmes produit des revenus. Si bien qu'en un siècle, elle a touché, tant en intérêts qu'en fermages ou produits fonciers, 6,187,648 francs.

Ajoutons qu'elle a obtenu, par suite de recours, 166,209 francs.

Ajoutons enfin qu'il y a dans son portefeuille des valeurs qu'elle a achetées, voilà bien longtemps déjà, à des cours inférieurs à ceux d'aujourd'hui, et nous retrouverons ainsi le total de nos réserves.

Les revenus de cette fortune s'ajoutent naturellement, tous les ans au produit des assurances. De sorte qu'actuellement la Caisse peut, chaque année, s'il est nécessaire, donner à ses assurés plus qu'elle ne reçoit d'eux, et continuer, en même temps, d'augmenter ses réserves.

Je ne connais pas de plus merveilleux exemple des bienfaits de l'association, et il n'est pas surprenant que notre Institution départementale ait obtenu une médaille d'argent à l'Exposition de 1889 et une médaille d'or à l'Exposition de 1900. (*Applaudissements.*)

**

Il n'est pas surprenant, non plus, que cette prospérité ait porté ombrage à des assureurs moins désintéressés. Les adversaires de la Caisse ne pouvant contester tous ces chiffres et n'osant trop ouvertement nier l'évidence, se sont ingéniés à démontrer qu'elle avait une constitution illégale ; qu'elle n'était pas organisée conformément à la loi du 24 juillet 1867 et au décret réglementaire du 22 janvier 1868 ; qu'elle ne s'était pas conformée davantage à la loi du 1er avril 1898 sur les Sociétés de secours mutuels, et qu'elle n'avait, par conséquent, aucune existence juridique.

C'est là une campagne que connaît bien l'éminent avocat de la Caisse, Me Mengin, que j'aperçois ici, car il a eu à la combattre. Cette campagne, on l'a menée avec beaucoup d'habileté, non seulement contre la Caisse de la Meuse, mais contre les trois autres qui fonctionnent en France, et qui datent, celle des Ardennes, du 3 décembre 1779; celle de la Marne, du 22 février 1804; celle de la Somme, du 14 septembre 1819.

Il va sans dire que la plus vieille de ces quatre Caisses ayant 121 ans et la plus jeune 86, elles n'ont pu, lorsqu'elles se sont créées, se conformer à des législations que personne ne prévoyait, et depuis lors elles n'auraient pu s'y adapter sans fausser leur mécanisme et sans renoncer à cette fructueuse collaboration que leur prêtent, avec tant de bonne volonté, les représentants des municipalités.

Ces quatre Caisses sont donc, je n'en disconviens pas, dans une situation un peu exceptionnelle, que justifient leur longévité et les admirables preuves de vitalité qu'elles ont données. Elles n'ont pas reçu leur existence des lois, elles ont devancé les lois; mais elles se sont imposées au respect du législateur par des services éclatants; le bien qu'elles ont fait les a rendues intangibles et sacrées. (*Applaudissements prolongés.*)

Dès 1850, une loi fiscale les a implicitement reconnues en les classant parmi les assureurs et en les taxant comme tels. Aujourd'hui, elles servent de modèles à beaucoup d'institutions analogues, et la loi du 4 juillet 1900, en autorisant la création de Sociétés d'assurances mutuelles agricoles, s'est inspirée de l'exemple qu'offraient déjà les Caisses départementales. Tout récemment encore, à la Chambre, M. Bonnevay, député du Rhône, rapporteur d'une proposition de loi qui tend à remplacer la taxe d'enregistrement sur le montant des primes d'assurances par une taxe sur le chiffre des sommes assurées, a fait dans son rapport, déposé le 17 novembre 1904, un chaleureux éloge de la Caisse de la Meuse. (*Applaudissements.*)

Les tribunaux ne se sont pas montrés moins favorables que les gouvernements et que les législateurs aux quatre

Caisses départementales d'assurances contre l'incendie.

Le 16 mars 1894, le Conseil d'État a rejeté une requête des Compagnies d'assurances qui s'étaient avisées d'incriminer la régularité de la Caisse des incendiés de la Somme. Le 17 février 1900, la Cour de Nancy, sur plaidoirie de Mᵉ Mengin, a débouté, à son tour, le Syndicat des agents généraux d'assurances du département des Ardennes. Enfin, la Cour de Paris a, comme la Cour de Nancy, reconnu à la Caisse de la Meuse le droit d'ester en justice.

Comment dire sérieusement, après tout cela, que la Caisse est une ombre, un fantôme, un je ne sais quoi sans consistance et sans solidité ? Elle a conquis elle-même, de haute lutte, son droit à l'existence ; elle s'est créée, par un long passé, une situation inattaquable ; elle a démontré le mouvement en marchant, et l'on n'a pas encore trouvé de meilleure manière de faire les démonstrations. (*Applaudissements.*)

**

L'incomparable succès de la Caisse est dû, Messieurs, aux quelques grandes idées, simples et généreuses, qui ont dirigé ses destinées ; elle s'est développée, dans l'Association, par l'épargne et par la prévoyance.

C'est une vérité banale que de dire qu'entre toutes les nations, le Français s'est toujours fait remarquer par sa puissance d'épargne ; mais à ce point de vue comme à beaucoup d'autres, le Lorrain est doublement Français.

Notre race de l'Est est patiente et laborieuse, d'humeur rassise et de sens pratique. A ce qu'il peut y avoir d'ardeur au fond de son esprit calme et posé, elle n'a jamais donné d'autre issue que la recherche de la gloire militaire. Elle redoute les aventures sans honneur et elle a l'horreur instinctive des spéculations financières.

Ne demandez pas au Meusien de vivre au jour le jour,

de compter sur l'imprévu, de pactiser avec le hasard. Il est prudent et circonspect, il se défie des coups du sort, il est l'homme « des longs desseins et des vastes pensers. » (*Applaudissements prolongés.*)

***

Ce souci constant d'économie, ce goût de l'ordre, ces habitudes d'épargne, contiennent en eux-mêmes, Messieurs, une énergie féconde et moralisatrice. Vous entendez bien cependant que si ces qualités étaient exclusivement cultivées dans un intérêt individuel, elles tourneraient vite en défauts et dégénéreraient en égoïsme. Un philosophe contemporain l'a dit avec raison : « L'individu qui ne veut être qu'un individu, qui se sépare, s'isole, rattache tout à lui, perd ce qu'il croit gagner. »

L'épargne s'ennoblit déjà en s'étendant à la famille ; mais c'est surtout par l'Association et par la Mutualité que cette préoccupation du lendemain s'épure, s'élève, devient force et vertu. L'Association ne multiplie pas seulement les résultats des efforts individuels ; elle en accroît la valeur morale.

Le 15 décembre 1904, M. le Président de la République disait au Musée social : « Vous répandez cette idée qu'il
« faut faire ses affaires soi-même pour qu'elles soient bien
« faites. Votre principe, c'est de demander à l'initiative
« privée et à l'association libre, qui centuple les forces
« individuelles, la solution des problèmes sociaux, et
« vous êtes convaincus que si les bonnes volontés s'ac-
« cordent, si les cœurs s'entendent, votre force sera
« supérieure à cette toute-puissance de l'Etat, dont les
« impuissants réclament l'aide. » (*Applaudissements.*)

Les bonnes volontés meusiennes se sont accordées, les cœurs se sont entendus, et la Caisse départementale s'est toujours vaillamment passée de l'appui de l'Etat ; elle ne lui a jamais rien demandé ; elle lui a, au contraire, beaucoup donné ; elle n'attend ses ressources que des adhésions libres et de l'esprit de solidarité. (*Applaudissements.*)

**

Je laisse à M. Deschanel, — et tout de suite d'abord, à M. Barberet, — le soin de vous dire, mieux que je ne saurais le faire, quels progrès de la conscience humaine représente cette idée de solidarité et quelle expansion elle a prise dans la démocratie moderne. Je ne veux pas, quant à moi, franchir les limites, déjà trop larges, de mon sujet. Je me borne à dire que parmi les œuvres que le légitime tourment des améliorations sociales a pu enfanter dans ces dernières années, on n'en a certainement pas imaginé de plus belle que la nôtre. La Caisse départementale des Incendiés, c'est véritablement, Messieurs, la solidarité triomphante, la solidarité consacrée tout à la fois dans le temps et dans l'espace.

Dans le temps, cette Institution nous rattache étroitement aux générations passées, puisque nous profitons aujourd'hui de leur travail et de leurs économies.

Dans l'espace, la Caisse étend son action salutaire sur 586 communes de la Meuse, qui sont reliées les unes aux autres par cette parenté administrative qui unit toutes les municipalités d'un même département. (*Vifs applaudissements.*)

La Caisse nous rappelle ainsi, sans cesse, que nous sommes solidaires de ceux qui nous ont précédés et de ceux qui nous entourent, et elle nous donne par là une vivante leçon d'histoire sociale. (*Applaudissements nourris.*)

**

Le département de la Meuse, Messieurs, n'est pas beaucoup plus âgé que la Caisse ; à vingt ans près, ils sont contemporains. Ne doutez pas qu'elle n'ait contribué à fortifier, dans les limites un peu artificielles de cette circonscription, cet esprit collectif dont nous constatons tous les jours l'heureuse vivacité, et qui peut devenir l'aiguillon des meilleures initiatives.

Lorsque la Révolution française a démembré les vieilles provinces et créé les départements, elle a voulu briser de sa main puissante ce qu'il y avait de trop exclusif, de trop étroit, de trop fermé, dans les traditions provinciales ; elle a voulu permettre à toutes les âmes de France de battre à l'unisson ; elle a voulu créer la nation une et indivisible.

Mais, aujourd'hui que s'est à jamais affermie cette conception de l'unité nationale, il est bon qu'à l'intérieur du pays se raniment, aussi nombreux que possible, les foyers d'activité et d'énergie. Communes, associations libres, départements, voilà autant de groupements légaux ou spontanés qui peuvent servir de centres d'action et de points d'appui aux efforts individuels. *(Applaudissements)*.

**

Ce département, qui n'existait pas il y a 126 ans, et dont la configuration a pu paraître, d'abord, arbitraire et factice, nous l'aimons tous, aujourd'hui, comme le coin le plus cher et le plus familier de notre France. Il représente, en même temps, pour nous, autre chose qu'un lambeau de terre ; il est, à nos yeux, une personne morale, une réalité collective. De Montmédy à Bar, les communications sont bien lentes et bien difficiles ; il y a cependant un lien plus étroit entre Montmédy et Bar qu'entre Bar et Saint-Dizier ou entre Commercy et Toul. Voilà les effets que produisent peu à peu la cohésion des volontés, la collaboration des intelligences, la communauté des institutions, l'identité des règlements.

Lorsque les Conseillers généraux de la Meuse se réunissent en session, comme ils vont le faire demain, chacun d'eux défend, comme il en a le devoir, les intérêts de son canton ; mais tous ont le sentiment très exact des intérêts généraux du département. Ils se rendent parfaitement compte qu'ils sont assemblés pour administrer la fortune d'un être historique qui leur a préexisté, qui leur survivra, et dont ils sont les mandataires momentanés.

A passer du petit au grand, nous retrouverions aisément, Messieurs, les mêmes causes et les mêmes éléments dans la notion de patrie. Cette Meuse, que nous aimons, fait partie d'un territoire plus vaste, qu'ont cultivé nos ancêtres, et sur lequel a vécu, pendant de longs siècles, une nation dont nous nous sentons solidaires. Cette nation est beaucoup plus vieille que le département, elle est une réalité historique singulièrement plus ancienne ; elle a grandi lentement ; elle a pris peu à peu conscience d'elle-même ; elle n'a pas seulement, comme la Meuse, les mêmes règlements préfectoraux, elle a les mêmes lois, qu'elle se donne elle-même, par la voix de ses représentants, et cette unité législative est le signe extérieur de son unité morale. *(Applaudissements.)*

Restons, Messieurs, de bons Meusiens ; continuons à aimer notre pays natal, ses côteaux modérés, ses forêts profondes, ses vallées verdoyantes, son vin clairet, et sa Caisse départementale. Tout cela nous prépare et nous prédispose à demeurer de bons Français. *(Applaudissements prolongés et répétés.)*

M. BARBERET

DISCOURS DE M. BARBERET

Directeur de la Mutualité, au Ministère de l'Intérieur.

Moi aussi, Messieurs, je suis confus des paroles beaucoup trop élogieuses que m'ont adressées à la fois M. le Président du Conseil général, M. le député Deschanel, et M. le sénateur Poincaré. Je les reporte tout entières aux fonctions que j'ai l'honneur d'occuper.

On n'avait pas, d'ailleurs, à me remercier d'être venu ici aujourd'hui, car j'admets, en principe, que les administrés ne sont pas faits pour l'administration, mais, au contraire, bien celle-ci pour ceux-là. N'est-ce pas sur les contributions des administrés que les fonctionnaires sont rétribués? Donc si les uns ont le devoir de respecter le caractère des autres, j'estime que les fonctionnaires doivent mériter ce respect par la défense des intérêts légitimes qui leur sont confiés. (*Applaudissements.*) Voilà pourquoi, moi, qui suis un fonctionnaire de la Mutualité, je me rends chaque fois que je le puis aux appels des Mutualistes. (*Bravos.*)

Aujourd'hui, je suis particulièrement fier, particulièrement heureux d'assister à cette Fête de la Mutualité Meusienne, notamment sous la présidence de M. Paul Deschanel, l'ancien président de la Chambre des députés, de M. Raymond Poincaré, l'ancien ministre de l'Instruction publique, de M. Edmond Develle, président du Conseil général, devant tous les représentants de ce grand et beau département; oui, je suis heureux de me trouver au milieu des mutualistes de la Meuse. (*Applaudissements.*)

Après ce que vous venez d'entendre, vous conviendrez que ma tâche n'est pas facile ; aussi je vous demande d'avance toute votre indulgence.

Je voudrais vous entretenir le plus brièvement possible des lois de prévoyance sous la troisième République. Cela dit, j'aborde immédiatement mon sujet.

Il n'y a pas de législation ouvrière proprement dite. Les mots : classe ouvrière, ouvrier, n'ont pas d'acception précise ; la loi concerne la généralité des citoyens.

Je n'examinerai pas la législation du travail ; elle n'entre pas dans mes attributions. Elle ressortit à un autre département ministériel que celui auquel j'ai l'honneur d'appartenir. Je l'effleurerai peut-être dans ses points de contact avec mon sujet, mais je me bornerai à parler des lois concernant la prévoyance sociale.

Avant la Révolution de 1789, il n'y avait aucune prévoyance d'Etat. Le soulagement des misères appartenait exclusivement à la charité, à la charité qui, comme le disait tout à l'heure si justement M. Paul Deschanel, humilie celui qui la reçoit et le rend inférieur à celui qui la fait. (*Vifs applaudissements.*)

Le 22 floréal an II de la République, Barrère déposait sur le bureau de la Convention nationale un rapport sur les moyens d'extirper la mendicité et sur les secours que devait accorder l'Etat aux citoyens indigents.

Sous le premier Empire, la Restauration et la Monarchie de Juillet, ces questions furent oubliées.

Les Associations étaient régies par les articles 291 à 294 du Code pénal les interdisant lorsqu'elles comptaient plus de vingt personnes. Quelques Sociétés de secours mutuels fonctionnaient de-ci, de-là, mais l'Autorité prenait envers elles de telles précautions et les surveillait si étroitement que leur rôle était forcément restreint à l'état embryonnaire.

Sous la Seconde République, il fut de nouveau question de l'extinction du paupérisme. Des commissions parlementaires furent nommées pour examiner ce qu'il y avait lieu de faire dans cet ordre d'idées, et M. Benoît d'Azy fut choisi en qualité de rapporteur pour analyser et déduire les propositions de ce genre transmises au Parlement. Il déposa en cette qualité, le 6 octobre 1849, sur le bureau de l'Assemblée Nationale, un rapport sur les sociétés de secours mutuels et tendant à l'organisation d'une Caisse générale de retraites.

Ce rapport fit aboutir la loi du 15 juillet 1850, le décret du 26 mars 1852 rendu en période dictatoriale et le décret du 26 avril 1856 sur les Sociétés de secours mutuels, ainsi que la loi du 15 juin 1850 organisant la Caisse des retraites pour la vieillesse.

C'était un pas en avant, mais timide et n'ouvrant pas largement le champ à la prévoyance.

En ce qui concerne les Sociétés de secours mutuels, par exemple, le chef de l'Etat se réservait la nomination de leurs présidents, et son choix était surtout dicté par un sentiment politique dont le but consistait à ne laisser présider ces Associations que par des hommes inféodés au régime impérial.

De cette mesure naquit la défiance des mutualistes, dont beaucoup préférèrent se régir à l'état libre plutôt que de bénéficier des avantages résultant de l'approbation. Cette défiance était d'ailleurs justifiée par le Coup d'Etat du 2 Décembre 1851 qui venait de détruire la République et de confisquer nos libertés.

Le décret du 26 avril 1856 permettait bien aux Sociétés de secours mutuels de liquider des pensions de retraite en faveur de leurs membres, mais cette latitude était limitée aux excédents de recettes sur les dépenses de maladie.

Quant à la loi du 15 juin 1850 sur les pensions de retraite en général, elle n'a reçu qu'une application étroite, l'Administration d'alors ayant eu soin de ne pas la faire connaître suffisamment aux intéressés.

Sous la troisième République, les lois concernant la prévoyance furent l'objet de la préoccupation constante du Parlement et du Gouvernement. Dès que les agitations politiques tendant aux restaurations des régimes déchus furent, sinon dissipées, au moins rendues impuissantes, le législateur reprit l'œuvre des réformes sociales interrompues. Il édicta d'abord la loi du 21 mars 1884 sur les Syndicats professionnels, qui, tout en accordant à ces associations une large liberté sur le terrain de l'organisation du travail, les met à même, par son article 6, de créer dans leurs seins et avec leurs éléments, des caisses de secours ou de retraites, en se conformant aux lois sur la matière, c'est-à-dire, dans l'espèce, aux lois sur les Sociétés de secours mutuels. Ce même article 6 leur permet, en outre, de créer des offices de placement gratuits et des cours professionnels.

La circulaire ministérielle relative à l'application de cette loi, marquée par la signature de M. Waldeck-Rousseau, alors ministre de l'intérieur, est conçue dans l'esprit le plus libéral.

Bien qu'un fonctionnaire doive être très mesuré dans ses appréciations, il me sera peut-être permis d'opiner sur cette loi, car j'ai beaucoup contribué à la mettre sur le chantier parlementaire.

Il est vrai qu'un certain nombre de syndicats ouvriers ont quelque peu dévié du but que leur a tracé le législateur. Au lieu d'organiser le travail, certains d'entre eux — pas tous heureusement — ont surtout engagé la lutte contre le capital, comme si cet élément n'était pas l'un des coefficients essentiels à la production, et des grèves parfois systématiques en sont trop souvent résultées au détriment des employeurs et des salariés, voire des consommateurs. La grève est un droit inscrit dans la loi ; elle peut être légitime, mais il ne faut s'en servir qu'à bon escient.

Il y a tout lieu d'espérer que l'expérience modifiera cet état d'esprit et qu'au lieu de la lutte des classes, qui ne mène à rien, attendu qu'il n'y a plus de classes en France depuis 1789, les Sociétés syndicales chercheront à créer des coopératives de production qui assureront aux ouvriers syndiqués le travail collectif à leur propre compte, et la création de caisses de secours ou de retraites conformément à la loi du 1er avril 1898.

A ce propos, je parlais, hier soir, chez M. le Préfet, de la manière dont les Syndicats agricoles ont été introduits dans la loi. Il me dit : Il faudra la rappeler demain dans votre conférence.

En 1880, sur les conseils de Gambetta, je pris, au ministère de l'Intérieur, le service des Sociétés professionnelles. J'écrivis à une quarantaine de maires de la Côte-d'Or et de Saône-et-Loire, où j'ai mes attaches familiales, pour leur demander s'ils ne voyaient pas l'utilité de créer des Syndicats agricoles. Je leur en expliquais le motif et me mettais à leur entière disposition. Tous me répondirent, sans exception, que la question était prématurée et n'avait aucune chance d'aboutir ; on verrait plus tard.

Durant quatre années, contrairement aux prévisions, le projet de loi syndical fit la navette entre le Palais-Bourbon et le Luxembourg. En 1884, il revint définitivement au Sénat. La Chambre hésitait devant l'abrogation de l'article 416 du Code pénal relatif aux coalitions entre employeurs ou salariés, votée par les députés. M. Waldeck-Rousseau, je le répète, avait le portefeuille de l'Intérieur. A ce moment, d'autres questions politiques de premier ordre prenaient les instants du ministre. Il allait confier à son sous-secrétaire d'État le soin de suivre le projet au Parlement. Or, lui seul possédait l'autorité exigée. Dans cette conviction, je le sollicitai de vouloir bien porter la parole au Sénat.

— Je ne puis tout faire, répondit-il sèchement. Puis, tournant les talons et passant dans une autre pièce, il me laissa dans le cabinet ministériel.

Le lendemain, je revins à la charge.

— Vous m'avez mis à la porte hier, lui dis-je ; je rentre par la fenêtre ; si vous me jetez par la fenêtre, je descendrai par la cheminée. Il faut que vous défendiez le projet de loi.

M. Waldeck-Rousseau sourit. Ce fut la victoire. Il prit quelques notes sur mes indications et prononça au Luxembourg, en cette matière peu connue, un superbe discours, le plus beau fleuron de sa couronne parlementaire.

La nécessité de sa dialectique lumineuse aux débats se démontra par le vote sénatorial. L'éloquence de l'orateur triompha, mais à sept voix de majorité seulement. Cela suffisait. Le projet de loi devint la loi du 21 mars 1884.

L'avant-veille de la discussion j'avais demandé, en outre, au ministre, l'adjonction à l'article 1er de ces deux mots : « et agricoles », parce que le texte ne comprenait que les éléments industriels ou commerciaux. Cette fois, je fus éconduit sans rémission, parce qu'il « était trop tard ». Néanmoins, je tenais à mon idée et rôdais autour du Sénat. Sous les galeries de l'Odéon, j'eus la bonne fortune de rencontrer M. Oudet, sénateur du Doubs. Je lui exposai mon affaire.

— Quel intérêt y voyez-vous ? me demanda-t-il.

Je lui expliquai toutes les considérations qui militaient en faveur de l'adjonction. Il fallait sortir de la routine centenaire pratiquée en agriculture et obtenir des cultivateurs une autre réponse que celle-ci, lorsqu'on les conseillait : « Nos grands-pères et nos pères faisaient comme ça. Pourquoi ne ferions-nous pas comme eux ? »

M. Oudet secoua la tête en signe négatif.

— Vous ne connaissez pas, objecta-t-il, l'esprit moutonnier de nos paysans. Je crains beaucoup leur incrédulité. Mais, puisque cela peut vous faire plaisir, je déposerai, à l'article 1er, l'amendement que vous désirez. Je doute que le Sénat nous suive sur ce terrain. En tous cas, si les deux mots en question ne font pas de bien, ils ne sont susceptibles d'aucun mal.

Le Sénat partagea néanmoins l'avis de M. Oudet, et la Chambre des députés considéra également qu'il ne pouvait être nuisible. (*Applaudissements.*)

Voilà comment les Syndicats agricoles furent introduits dans la loi du 21 mars 1884.

Aujourd'hui nous avons près de 3,000 syndicats agricoles, qui apprennent à leurs adhérents la culture mieux conditionnée, et leur inculquent, en outre, les notions de prévoyance collective. J'espère que, de ce côté aussi, avant 10 ans, nous aurons, dans l'armée de la mutualité, les mutualistes agricoles en aussi grand nombre que dans l'industrie et dans le commerce.

En 1886, M. Constans, étant ministre de l'Intérieur, déposa le premier projet de loi sur les retraites ouvrières. C'est ce projet qui a servi d'amorce à tous les autres projets de même sens qui sont venus ensuite dans l'ordre chronologique parlementaire.

Dans cette même année 1886, une loi a réorganisé la Caisse des retraites en lui donnant le titre de Caisse nationale ; elle n'a réellement effectué de progrès importants qu'à dater de cette réorganisation.

Vous savez que les versements s'y font, depuis la

somme de 1 franc, chez tous les comptables du Trésor, jusqu'à pouvoir assurer une rente incessible et insaisissable de 360 francs au minimum et allant à 1,200 francs au maximum.

J'allais oublier la loi du 9 avril 1881 qui a créé la Caisse d'épargne postale. Cette loi a donné à l'épargne française une telle impulsion que les dépôts atteignent près de 4 milliards et que le nombre des déposants représente le sixième de la population. (*Applaudissements.*)

Puis est venue la loi du 29 juin 1894 sur les Caisses de secours et de retraites des ouvriers mineurs. Vous savez que moyennant une retenue de 2 % sur les salaires et une taxe de 2 % sur le capital exploitant, les ouvriers mineurs ont droit à une retraite proportionnelle à l'âge de 55 ans. Seulement il existe une lacune qui ne provient pas du législateur, mais bien des assurés eux-mêmes. A l'une des séances de la Commission supérieure de la Caisse des retraites, on a constaté que, dans certains centres miniers, les abandons de livrets atteignaient jusqu'à 84 % ; par conséquent, le but du législateur n'était pas atteint.

Enfin est venue la loi du 20 juillet 1895 sur les comptes abandonnés des Caisses d'épargne. Cette loi permet aux Sociétés de secours mutuels possédant des caisses de retraites, de participer, jusqu'à concurrence des 3/5, à la répartition de ces comptes abandonnés, qui se prescrivent au bout de 30 ans, lorsque durant ce laps de temps, ils n'ont été l'objet d'aucune opération de la part des déposants.

La première répartition qui a eu lieu en 1897, sur l'année 1896, a donné aux Sociétés de secours mutuels une somme de 145,000 francs. Les années suivantes ont augmenté également la proportion en raison même de l'augmentation du nombre des déposants, et nous allons arriver jusqu'à un demi-million de francs. Seulement à partir de 1900, il y a eu une réduction passagère, que vous comprendrez : la période trentenaire correspondait à l'année terrible de 1870 qui, au lieu de donner nombre de dépôts aux Caisses d'épargne, a amené, au contraire, beaucoup de retraits. Seules les années 1900, 1901 et 1902 ont été marquées par une différence sensible en moins ; mais maintenant la période d'augmentation revient et, je le répète, j'espère que la quote-part des Sociétés mutuelles atteindra bientôt le demi-million. (*Applaudissements*)

Il y a aussi la loi du 7 juillet 1900 qui permet aux Sociétés de secours mutuels de verser leurs fonds à la Caisses des dépôts et consignations, dans tous les bureaux de poste et chez tous les percepteurs. Auparavant, les administrateurs des Sociétés de secours mutuels étaient obligés de se rendre chez les receveurs particuliers des finances ou chez les trésoriers-payeurs généraux ; c'était très éloigné, cela nécessitait des pertes de temps, et pour les travailleurs surtout, le temps c'est de l'argent. Ils allaient alors verser leur argent à la Caisse d'épargne où il rapportait 2,50, 2,75 ou 3 %, tandis qu'aux bureaux de poste et chez les percepteurs, cet argent leur rapporte uniformément 4,50 %.

Aussi, j'ai été très étonné en relisant au *Journal officiel* le compte-rendu des opérations des Caisses d'épargne, de voir qu'il y avait encore 7,500 comptes ouverts à des Sociétés mutuelles, pour une somme de 17,500,000 francs. Elles perdent de la sorte 330,000 francs d'intérêts par an. Je crois qu'il suffit de signaler ce fait pour qu'il ne se renouvelle pas. (*Vive attention.*)

D'autre part, je reçois toutes les semaines des plis affranchis contenant quelquefois des états statistiques avec 4 ou 5 timbres de 15 centimes. Ces correspondants ignorent sans doute qu'ils ont la franchise postale avec le ministère de l'Intérieur. Il suffit de mettre sur l'enveloppe : Monsieur le Ministre de l'Intérieur, Direction de la Mutualité ; la franchise postale est entière quel que soit le poids et la dimension des plis. En mutualité, il n'y a pas de petites économies.

Autre chose. Je reçois des statuts en quadruple exemplaires sur papier timbré, et ces exemplaires coûtent chacun 10 à 12 francs. Il suffit d'employer du papier libre.

J'arrive maintenant aux deux lois qui ont régi la Mutualité : le décret de 1852 et la loi du 1ᵉʳ avril 1898. Aux termes de ce décret du 26 mars 1852, pour constituer une Société de secours mutuels, il fallait l'avis du maire, du curé et du conseil municipal, et l'autorisation du Préfet. Ces Sociétés ne possédaient que des valeurs mobilières ; le Préfet pouvait les empêcher de se constituer ; une fois constituées, il pouvait les suspendre, les dissoudre.

La loi de 1898 a supprimé tous ces obstacles. Dorénavant il suffit de déposer les statuts en 4 exemplaires, soit à la sous-préfecture dans les arrondissements, soit à la préfecture pour l'arrondissement chef-lieu, laquelle en délivre un récépissé obligatoire. Ces statuts nous sont transmis. Nous n'avons le droit de refuser l'approbation que, 1° si les statuts sont contraires à la loi, 2° si les recettes ne sont pas proportionnées aux dépenses, et encore si nos refus ne sont pas suffisamment motivés, les Sociétés peuvent en appeler au Conseil d'État. Il y a donc une différence considérable dans les deux régimes. La loi de 1898 est une loi de liberté. (*Applaudissements.*)

Par son article 21, elle maintient aux Sociétés approuvées le taux d'intérêt de 4 1/2 °/₀ sur les fonds qu'elles versent à la Caisse des Dépôts et Consignations, soit en compte courant, soit à leurs fonds de retraites. En outre, les subventions qu'elles recevaient auparavant ne sont pas réduites.

A cause de cette disposition, les adversaires de la Mutualité ont dit, par la parole et par la plume, que nous coûtons trop cher et que nous allions creuser un énorme trou dans le budget. Il est de mon devoir de réduire à leurs justes proportions ces allégations erronées.

Depuis 1852, date de l'organisation légale des Sociétés de secours mutuels, jusqu'en 1881, c'est-à-dire pendant trente ans, nous n'avons pas coûté un centime à l'État. Les revenus du fonds de la dotation ont suffi à subventionner les Sociétés ayant effectué des versements à leurs fonds de retraites.

Pour mes auditeurs qui ne connaîtraient pas la source du fond de la dotation, je vais la leur expliquer en deux mots. C'est une somme de 10 millions de francs qui a été prélevée en 1852 sur le produit de la vente des biens de la famille d'Orléans. Ces 10 millions ont été placés au taux de 4 1/2 %. Au début, les Sociétés n'étaient pas nombreuses et les intérêts, n'ayant pas été entièrement employés, ont été joints au capital. En 1864, le tout a été consolidé à 510,000 francs de rentes. C'est avec ces 510,000 francs que nous avons fait face à toutes les dépenses. Donc je le répète, l'État ne nous a rien donné durant ces trente années. (*Applaudissements.*)

A partir de 1881, le nombre des Sociétés ayant augmenté considérablement, et le montant de leurs versements aux fonds de retraites s'étant accru dans les mêmes proportions, nous avons dû demander une première subvention de 50,000 francs. Elle s'est accrue d'année en année jusqu'en 1904 inclusivement. Savez-vous combien l'État nous a sacrifié pendant 23 ans ? En moyenne à peu près un million par an, alors que l'assistance publique dépense annuellement 300 millions, et dans le même laps de temps, environ 7 milliards ? Comparez les deux budgets.

Un jour, M. Paul Deschanel a bien voulu rappeler un de mes propos, à savoir que, si l'on me permettait de dépenser judicieusement 10 millions par an, j'économiserais 50 millions à l'assistance publique. Je maintiens cette assertion. Quand nous faisons un prévoyant, celui-là ne va point frapper à la porte du bureau de bienfaisance. (*Applaudissements.*)

L'assisté reçoit tout et ne donne rien, tandis que l'État dit au mutualiste : « Aide-toi, d'abord ; je t'aiderai ensuite, mais pas avant. »

Oui, l'assistance publique est indispensable aux vieillards indigents, aux infirmes, aux incurables et aux enfants abandonnés qui sont les pupilles de la Nation. Ce serait un déshonneur pour les peuples qui s'en désintéresseraient. Mais je n'apprendrais rien à personne en disant que les pauvres honteux, pour qui surtout l'assistance publique a été créée, sont ceux qui en profitent le moins, et que les principaux bénéficiaires sont les professionnels de la mendicité, les paresseux.

Cet état de choses cessera, j'espère, à l'avenir. Si je mets en parallèle l'assistance et la prévoyance, j'ose dire comme le poète : « Ceci tuera cela. »

Nous avons des annexes que le législateur n'avait pas prévues ; elles concernent les Mutualités maternelles, les Mutualités scolaires et, depuis peu de temps, les Mutualités militaires.

La Mutualité maternelle a été fondée il y a environ 15 ans par des industriels en tissus, de Paris, qui étaient frappés de la mortalité considérable du premier âge provenant des ouvrières qu'ils occupaient. Moyennant un versement de 25 centimes par mois, les sociétaires en couches reçoivent une indemnité hebdomadaire de 12 francs pendant quatre semaines, à condition qu'elles ne se livrent à aucune espèce de travail durant ce laps de temps. Toutes les semaines, les enfants sont apportés, si possible, au siège social, où on les pèse pour voir s'ils augmentent de poids ; toutes les semaines, également, des visiteuses passent au domicile des accouchées pour se rendre compte si les règles de l'hygiène ont été observées. Savez-vous quel a été le résultat de cette organisation ? La mortalité infantile, qui atteignait 37 %, est tombée à 8 % depuis que la Société fonctionne.

Il y a au ministère de l'Intérieur une Commission extraparlementaire due à l'initiative de M. le Sénateur Piot et qu'on appelle la Commission de dépopulation. J'ai l'honneur d'en faire partie. J'ai entendu là des collaborateurs très savants, en majorité des hommes les plus éminents de la science médicale ; on y a présenté des statistiques très intéressantes que, pour ma part, j'ignorais absolument. On a fait beaucoup de constatations, on n'a pas encore apporté le remède, mais l'apportera-t-on ? On a dit que les femmes en état de grossesse qui se reposaient huit jours, quinze jours, trois semaines, ou un mois avant leurs couches mettaient au monde des enfants qui différaient de poids en raison du temps de leur repos ; on a dit aussi que les femmes travaillant debout, assises ou actionnant des machines, accouchaient d'enfants pesant plus ou moins, selon la nature de leurs occupations. Tout cela est très intéressant, mais encore une fois, le remède n'est pas trouvé. (*Applaudissements.*)

Avec la Mutualité maternelle, nous avons fait quelque chose. Il en existe une trentaine dans les grandes villes et dans celles de second ordre, même dans plusieurs bourgs. Généralisons-les et nous rendrons de grands services à la Patrie.

Je vais passer brièvement sur les autres questions, car le temps presse.

Nous avons aussi la Mutualité scolaire. Vous savez combien les membres du corps enseignant y apportent de dévouement. Les premières créations ont été difficiles, mais des apôtres sont apparus : après M. Cavé, son fondateur, des inspecteurs généraux de l'enseignement primaire, comme M. Édouard Petit, et divers membres de l'enseignement secondaire. Tous les départements sont pourvus maintenant d'institutions de Mutualité scolaire ; on en compte 2,700.

Ici, j'appelle votre attention. Il y a deux sortes de mutualités scolaires : la Mutualité avec la méthode du livret individuel, et la Mutualité avec fonds commun.

Pour faire passer les premières dans les Mutualités d'adultes, il se présente une difficulté très grande. On a imaginé ce qu'on appelle le « pont mutualiste ».

Il n'y a pas quinze jours, je voyais le Maire de Meulan, venu à mon cabinet pour me dire que les instituteurs veulent bien percevoir les cotisations, mais ayant trop de besogne, se refusent à les inscrire sur les livrets, et avoir les inquiétudes du lendemain. Ils consentent à verser les fonds dans les caisses des Sociétés d'adultes

— C'est moi, ajouta-t-il, qui suis le président de la Mutualité d'adultes, nous acceptons les fonds des mutualistes scolaires ; nous les admettons sans droits d'entrée, nous leur faisons payer des cotisations proportionnelles jusqu'à 16 ou 17 ans, puis ils passent aux Mutualités d'adultes.

Je signale ce point aux membres de l'enseignement pour résoudre cette question très grave à laquelle nous travaillons depuis quelques années.

Je suis au regret de le dire, le livret individuel ne crée aucune solidarité entre les membres de la Société, celle-ci est une réunion d'individus et non pas une association.

Il y a une autre chose plus grave encore, c'est que beaucoup, 80 % de ces livrets, sont abandonnés. A la Caisse des dépôts et consignations, on nous dit que ce sont des livrets d'attente, que l'on peut reprendre à époques indéterminées si l'on veut. Mais c'est de l'argent qui dort, tandis que si cet argent était dans la caisse de la Mutualité, il augmenterait sans cesse le fond commun.

Pour constituer une pension de 100 francs au taux de 4,50 %, il faut 2,222 francs : quand un sociétaire meurt, ces 2,222 francs repassent dans la caisse sociale pour constituer une pension à un autre ayant droit, et ainsi de suite, tandis qu'avec le livret individuel le capital social ne revient pas à la Société. Il faudrait, par conséquent, pour constituer 30 pensions 30 fois 2,222 francs, c'est-à-dire 66,666 francs au lieu d'une seule fois 2,222 francs qui auraient passé à 30 sociétaires successivement. Voilà la différence. (*Vifs applaudissements.*)

J'entendais le Président de la République, dans la belle fête de la Mutualité du 30 octobre, dire qu'il fallait avoir de la patience, comme le disait tout à l'heure encore M. le sénateur Poincaré ; qu'avec de la patience on arrive à grossir son capital. Qu'est-ce que 50 ans dans la vie d'une nation ? ajoutait M. Loubet. Eh bien, pour la Mutualité aussi il faut le temps nécessaire pour l'amener à rendre les bienfaits qu'elle est appelée à donner au pays. Une Société de secours mutuels accomplit sa période d'évolution normale en 50 ans ; au bout de 50 ans son capital est acquis. Nous avons actuellement 450 millions qui sont les économies de la génération qui s'en va ; dans 50 ans le capital sera doublé, avec double intérêt, tandis qu'avec le livret individuel il n'y aura jamais qu'un capital et qu'un intérêt.

Enfin je vous demande pardon d'être un peu long. Je vais terminer en vous disant quelques mots sur la Mutualité militaire, qui est en formation depuis deux ans. Nous avons constitué une commission au ministère de l'Intérieur pour rechercher le moyen de mutualiser l'armée. Dès que cette détermination du ministère de la Guerre fut connue, j'ai été agréablement étonné du nombre des officiers supérieurs et subalternes qui s'intéressaient à cette question ; j'ai reçu des correspondances très nombreuses et aujourd'hui j'en ai de tous les régiments.

Le contingent annuel des recrues est de 200,000 hommes. D'après nos estimations, nous pourrons en mutualiser 100,000. Je suis convaincu que, de ce côté, nous obtiendrons de très bons résultats.

En somme, le nombre des Sociétés de secours mutuels est actuellement de 20,000, comptant 4 millions de sociétaires et possédant un capital de 450 millions. Nous servons 120,000 pensions avec 12 millions d'arrérages. La cotisation annuelle moyenne des mutualistes participants est de 14 fr. 35, et les frais moyens de maladie par tête s'élèvent à 17 fr. 42. Les dépenses sont plus fortes que les recettes, et cependant le capital augmente. On doit cette plus-value aux dons et legs, aux subventions de l'Etat, départementales et communales, aux cotisations des membres honoraires et aux intérêts des fonds placés.

Comment ne serait-on pas mutualiste quand on voit le malheureux sort du vieillard imprévoyant? Si sa famille ne peut l'aider, s'il est à charge aux siens, sa présence est une gêne. S'il le peut, l'hôpital est son lot, mais là il ne reçoit plus l'affection et les soins de ses enfants. Et sans famille, que devient-il? D'aucuns se suicident ou meurent au coin de la borne. *(Applaudissements.)*

Le mutualiste, au contraire, avec ses 100 francs de pension, reste dans sa famille, apporte sa quote-part au budget du ménage, aide à la maison, cultive le jardinet où poussent les légumes, soigne les enfants. Au lieu d'être une charge, il se rend utile, passe une vieillesse heureuse et meurt dans la quiétude. Voilà ce que nous réservons à nos adeptes.

Je puis dire que la Mutualité française est sortie de ses limbes. Elle déploie ses ailes et prend une envergure immense. Comme une fée bienfaisante, elle plane et rayonne sur tout le pays. *(Vifs applaudissements.)*

Par la Mutualité maternelle, elle prend l'enfant à la mamelle et soigne la mère qui l'allaite.

Par la Mutualité scolaire, elle conduit par la main l'écolier dans le chemin de la prévoyance.

Par la Mutualité militaire, elle maintient le soldat dans la voie qui lui a été tracée avant son passage sous les drapeaux.

Elle enseigne aux adultes la persévérance dans la fraternité et la solidarité.

Elle assure aux vieillards le bien-être au déclin de la vie et jusqu'à la suprême échéance.

A l'aube du vingtième siècle, je la vois grande et forte,

haute et puissante, sereine et radieuse, englobant nos populations laborieuses, les guidant vers la sécurité et se dressant comme une barrière infranchissable devant l'armée du désordre, partisans des régimes déchus, partisans de la révolution sociale. *(Applaudissements.)*

Les partisans des régimes déchus font preuve d'un entêtement sénile, car ils savent parfaitement que ce pays est démocrate jusqu'aux moëlles. Si par un coup de surprise, par un coup de force quelconque, une restauration monarchique se produisait, je mets en fait que le monarque ne resterait pas six mois sur son trône. *(Applaudissements.)*

Quant aux partisans de la révolution sociale, qu'est-ce à dire ? Sous la République, sous le régime du suffrage universel librement pratiqué, sous le gouvernement du peuple par le peuple, oh ! de l'évolution tant qu'on voudra, car tout n'est pas pour le mieux dans la meilleure des sociétés, mais pas de révolution, car on risquerait l'existence de la République elle-même.

Bref, je vois la Mutualité comme un roc inébranlable, servant de pierre d'assise à la République pratique, à la République des travailleurs. *(Vifs applaudissements.)*

M. G. HABERT

TOAST DE M. GABRIEL HABERT
Préfet de la Meuse.

Après avoir fait l'éloge de la Caisse départementale et de ses administrateurs, M. le Préfet parle du grand mouvement qui s'étend, à l'heure qu'il est, d'un bout de la France à l'autre, grâce à l'apostolat d'hommes éminents et dévoués qui ont mis toute leur foi dans l'idée mutualiste.

Quand on se trouve, dit-il, en présence de résultats tels que ceux qui nous ont été exposés si éloquemment ce matin, il faut reconnaître qu'il est de toute nécessité de faire appel aux principes d'association, pour la solution des problèmes sociaux posés actuellement.

La Mutualité, en effet, affecte des formes diverses, et ne se contente pas de prendre l'homme à sa naissance, de le suivre dans le cours de sa vie, de le secourir lorsque le malheur s'abat sur lui ; elle peut aussi le garantir contre les fléaux, contre la grêle, l'incendie ou la mortalité du bétail.

Cette action bienfaisante, Messieurs, n'est-elle pas de nature à exciter toutes les bonnes volontés ? En présence de ces bienfaits, il faut entrer résolument dans la voie de la solidarité qui conduit à la sécurité. En travaillant ainsi, nous contribuerons à fonder la cité idéale faite de fraternité, de bonheur, de paix et de concorde.

En terminant, laissez-moi, Messieurs, placer cette fête sous les auspices de notre vénéré chef d'État. M. Loubet, en maintes circonstances, a affirmé sa foi de Mutualiste et s'est proclamé lui-même le premier Mutualiste de France.

Levons, Messieurs, en son honneur, levons nos verres au Président de la République, Monsieur Émile Loubet. *(Applaudissements.)*

TOAST DE M. PAUL DESCHANEL

Membre de l'Académie Française,
Député,
Ancien Président de la Chambre des Députés,
Président de la Fête.

Mes chers Concitoyens,

M. le Directeur de la Prévoyance et de la Mutualité au Ministère de l'Intérieur et M. le Préfet de la Meuse veulent bien me confier l'agréable mission de remettre, au nom du Gouvernement de la République, la médaille d'or de la Mutualité à M. Ulrich. *(Applaudissements.)*

D'autres personnes, que je n'ai pas besoin de nommer, parce que leur nom est sur toutes les lèvres, méritent des récompenses, soit équivalentes, soit plus hautes *(Bravos)*. Je crois savoir qu'elles sont déjà proposées au choix du Gouvernement par l'Administration *(Applaudissements)* et je suis sûr qu'avec l'appui de vos éminents représentants, elles ne tarderont pas à recevoir la récompense que nous souhaitons pour elles. *(Applaudissements)*.

Messieurs, vous me permettrez d'abord de remercier en notre nom tous les orateurs que nous avons applaudis ce matin. A votre éminent compatriote, mon ami Poincaré *(Bravos)*, je me contenterai de répéter ce que Louis XIV disait à un prédicateur illustre : « Je vous louerais davantage si vous m'aviez moins loué. » *(Applaudissements.)* Sa grande et belle parole a été mise aujourd'hui au service de la plus intéressante et de la plus noble des causes. Il a parlé en Lorrain et en Français (Applaudissements) et j'exprime le vœu que, dans un siècle, votre Caisse départementale trouve pour la louer un orateur de cette envergure. *(Bravos.)*

Vous aviez déjà entendu, si je ne me trompe, notre ami M. Barberet, et vous avez pu constater que la Mutualité rajeunit les hommes qui la servent ; c'est un de ses miracles *(Applaudissements.)* Il est infatigable, il est le plus jeune de nous tous. Nul n'était mieux qualifié que lui pour nous parler de ces deux grandes lois qui sont les chartes de nos travailleurs et qui resteront l'impérissable honneur de la Troisième République : la loi de 1884 sur les Associations professionnelles et la loi de 1898 sur les Sociétés de secours mutuels.

Messieurs, je me rappelle, et M. Barberet se rappelle aussi sans doute, qu'au lendemain même du vote de cette loi de 1898, dans un banquet où j'avais l'honneur de le recevoir avec l'élite des mutualistes français, au Palais-Bourbon......

M. BARBERET, *l'interrompant.* — Tout l'honneur était pour nous !

— Non, il était pour moi, et toute la joie aussi..... je tâchais d'esquisser l'avenir de la Mutualité française : dans la commune, la Société de secours mutuels isolée, toujours précieuse pour certains services tels que la maladie, par exemple, parce qu'ils exigent une surveillance étroite et vigilante ; au-dessus, dans le département ou dans la région, l'Union des Sociétés, l'association des associations ; et au-dessus encore, dans la nation toute entière, l'union des Unions, la fédération *(Applaudissements)* ; et ces organisations de plus en plus puissantes, pourvoyant à des services de plus en plus complexes, tels que la mise en subsistance, la réassurance, le placement gratuit, le prêt sur l'honneur, cette admirable institution qui est appelée à remplacer souvent l'aumône parce qu'elle relève l'homme et ménage sa dignité. (*Applaudissements.*)

Puis, l'assurance collective en cas de décès ou d'accidents, avec des faveurs dont vous ne vous doutez peut-être pas assez : si le Ministre des finances m'entendait, il me gronderait sans doute ; car, si l'on connaissait les tarifs si avantageux au moyen desquels les Sociétés de secours mutuels peuvent assurer leurs membres, je craindrais fort pour nos finances. Mais je signale tout bas à nos amis les mutualistes les avantages dont ils peuvent profiter dans cet ordre d'idées. (*Applaudissements.*)

Puis, le comité de contentieux ; l'orphelinat ; le cours professionnel ; la bibliothèque ; le timbre-escompte mutualiste ; le sanatorium ; le dispensaire, — vous connaissez tous de réputation l'admirable dispensaire mutualiste créé à Lille par le Docteur Calmette, et qui est devenu le type des autres ; — enfin, les retraites, dont, si vous le permettez, je dirai un mot tout à l'heure.

Lorsque j'annonçais tout cela il y a cinq ans, on me traitait de visionnaire ; on me disait : « Eh quoi ! de ces petites sociétés, de ces petites institutions bourgeoises, réactionnaires, vous voulez faire surgir un monde nouveau ! » — Et pourquoi bourgeoises ; pourquoi réactionnaires, je vous prie ? Est-ce parce que nous ne prêchons pas, nous autres, la division et la haine ? Est-ce parce que nous prêchons la concorde et l'amitié ? (*Bravos.*)

Ces prédictions datent de 1899 ; nous sommes en 1905 ; voyez le chemin que nous avons fait : au lieu de 2 millions, nous sommes 4,300,000 ; avant cinq ou six ans, nous serons 6 ou 7 millions, tous travailleurs valides, la fleur de la démocratie française. Cette armée sera invincible pour le bien ! (*Bravos.*)

Pour en arriver là, nous avons pris les choses dès l'enfance, dès l'école, et je suis heureux de l'occasion qui m'est offerte, dans cet établissement d'enseignement secondaire, à moi qui suis deux fois fils de l'Université, d'adresser nos remerciements aux recteurs, inspecteurs, instituteurs et institutrices, pour les services qu'ils rendent à notre cause.

Nous avons, à l'heure qu'il est, 700,000 adhérents aux mutualités scolaires ; ce n'est qu'un germe ; mais avec des hommes comme Cavé, Édouard Petit, Barberet, nous arriverons à ce que chaque école de France ait sa Caisse scolaire, et chaque département une Association reliant entre elles toutes ses écoles et toutes ses caisses.

Nous voulons plus encore, vous le savez : nous voulons que, dans cette grande organisation, entrent d'un côté les élèves des écoles primaires supérieures, et de l'autre, les enfants assistés, les enfants trouvés, de sorte que tous les enfants de notre France, les plus riches comme les plus pauvres, les plus heureux comme les plus déshérités, et ceux-là d'abord qui n'ont d'autre famille que la nation même (*bravos*), soient unis dès le berceau par un lien fraternel, préparant ainsi la France de demain, la République nouvelle, fille de la prévoyance et de la solidarité. (*Bravos.*)

Je ne dirai rien de la Mutualité maternelle, parce que M. Barberet vous en a déjà trop bien parlé ce matin. Il vous a expliqué comment nous avons fait reculer la mortalité infantile de 36 à 5 % ; en quelques années, nous donnons un régiment de plus à la Patrie. (*Applaudissements.*)

Enfin, je n'ai pas besoin de vous rappeler les avantages que vous offrent les Sociétés d'adultes, grâce aux dons, aux legs, au taux de 4 50 %, et je suis surpris que l'on porte encore ses économies à la caisse d'épargne, alors qu'on a, par la Société de secours mutuels, à la Caisse de retraites, un taux d'intérêt supérieur.

Je vous parlais des retraites, et si ce n'est pas abuser de votre bienveillante attention à cette heure déjà avancée, je voudrais vous dire un mot de ce problème qui tourmente la démocratie française.

Je ne discuterai pas ici la question si complexe et si grave de l'obligation ; ce que je dirai seulement, c'est que ceux-là mêmes des mutualistes qui reconnaissent que, si l'on veut atteindre la masse des petits salaires, on est bien obligé de recourir dans une certaine mesure à l'obligation, ont le droit de dire au législateur : « Nous ne nous opposons pas au grand mouvement de solidarité qui entraîne la démocratie française ; mais nous, qui avons donné les premiers l'exemple de la prévoyance, nous avons le droit d'exiger que le législateur ne nous entrave pas et n'apporte aucun obstacle à notre action. » (*Applaudissements.*)

Le moyen, je l'ai indiqué à la tribune, et j'ai développé un amendement dont la Commission de prévoyance a accueilli le principe : c'est d'accorder aux Sociétés de secours mutuels des subventions pour la maladie en proportion inverse des salaires, de façon qu'on puisse dire à l'ouvrier le plus pauvre : « Viens à la Société de secours mutuels ; tu y trouveras une économie considérable, parce que nous arriverons à te donner l'assurance contre la maladie pour très peu de chose. »

Puis, il faut perfectionner la mutualité scolaire. Elle a été, jusqu'à présent, une noble leçon de choses, un bel exemple de générosité, de prévoyance. Mais ce n'est rien, Messieurs, cela ; elle est appelée à devenir une pièce maîtresse de l'organisation des retraites, voici comment :

Il faut organiser partout, comme l'indiquait ce matin M. Barberet, le passage de la mutualité scolaire aux mutualités d'adultes, de façon que nul livret ne soit perdu et que les mutualistes gardent une avance de 20 ou 22 ans sur les retraités par l'obligation : en effet, ceux-ci ne seront pris par elle qu'à l'âge de l'atelier, tandis que les mutualistes auront commencé à l'âge de trois ans. Et pourquoi même n'imiterions-nous pas ce qui se fait à Schaerbéeck, où je suis né par la grâce de l'exil ? Là, le bourgmestre remet aux époux, le jour où ils se marient, un livret mutualiste pour le futur enfant : l'enfant est pris dans l'engrenage mutualiste dès le jour de sa naissance. Le mutualiste aura donc une avance énorme sur le retraité par l'obligation, et, lorsqu'il aura atteint le maximum de retraite fixé par la loi, le surplus pourra être affecté à une retraite plus forte, à une assurance sur la vie, une assurance au décès, l'achat d'une maison ou d'une terre, etc.

Il ne tient qu'à vous d'organiser ce passage de la mutualité scolaire à la mutualité d'adultes, je vous engage tous à le faire. Je vous engage aussi, partout où vous n'avez pas de Société mutuelle locale, à en créer une, et, quand la commune est trop petite, une Société intercommunale.

Mes chers Concitoyens, quel est le but que nous nous proposons d'atteindre, et pourquoi nous sommes-nous donnés de tout notre cœur à la Mutualité ? Nous voulons ouvrir au plus grand nombre d'hommes possible l'accès de la propriété et du capital. Nous voulons que l'homme soit à l'égard de l'homme, non plus dans des rapports de dépendance, mais dans des rapports d'association. Or, pour en arriver là, pour rendre la vie de l'atelier de plus en plus noble, nous voulons d'abord mettre les travailleurs dans une situation telle, qu'ils puissent remplir les destinées plus hautes que nous voulons pour eux. Eh bien, cette éducation préparatoire, où donc pourraient-ils la faire, sinon dans les associations, telles que coopératives de production, de consommation, de crédit, de constructions à bon marché, syndicats professionnels, industriels et agricoles, mutualités ? Ces groupements formeront peu à peu cette cité nouvelle, cette cité de justice et de lumière, fondée, celle-là, non sur la guerre des classes, mais sur la fraternité et sur l'amour. (*Applaudissements.*) C'est en l'honneur de cette union patriotique de tous les Français, à laquelle la Mutualité concourt de toutes ses forces, que je veux lever mon verre, en vous remerciant de votre magnifique accueil que je n'oublierai jamais et qui me suivra toute ma vie. Je bois à la gloire immortelle de la République, à la puissance française ; je bois à la noble ville de Bar-le-Duc, au département de la Meuse et à leurs éminents représentants, à la Caisse départementale et aux hommes qui l'ont conduite au degré de prospérité où nous la voyons aujourd'hui. (*Salves d'applaudissements.*)

ANNEXES

Médaille et Plaquette commémoratives de la Fête du Centenaire
de la Caisse départementale des Incendiés.

MENU

Eau forte gravée par M. W. Konarski (1re page du menu).

Menu

HORS-D'ŒUVRE
Beurre, Saucisson, Olives de Lucques
Petites Bouchées

POISSON
Brochet de la Meuse, Sauce Verte

ENTRÉES
Filet de Bœuf Glacé
Galantine de Chapon à la Gelée

ROTI
Jambon d'York
Salade Russe
Aspic de Foie Gras

Fruits et Desserts

Café et Liqueurs

VINS
Vin de Pays, Pineau de Bar, Fleury
Champagne Frappé

SERVI PAR M. GARTEISER,
Maître d'Hôtel, à Bar-le-Duc.

Matinée

PREMIÈRE PARTIE

1º   Ouverture de Concours . . . . PARÈS.
        (Par la Musique des Sapeurs-Pompiers.)
2º a) Le Monocle, Monologue. . . . . COLLAS.
    b) Les Amoureux, Monologue . . . . CLAIRVILLE.
        (M. F. DUPUIS, du Vaudeville.)
3º a) Au Conservatoire, Scène humoristique. . HEROS.
    b) La Grosse Dame, Chansonnette . . . . . MARCOUDS.
        (M. Georges LAUNAY.)
4º   Scènes comiques et excentriques, les Frères JACKSON'S, de l'Olympia.

LES SOULIERS DE NOCE
Opérette en 1 Acte de G. DONAY

GERVAISE . . . . Mme Arnold DELIGAT.
NICOLAS . . . . M. Georges LAUNAY.

DEUXIÈME PARTIE

1º   Les Dragons de Villars . . . . MAILLARD.
        (Par la Musique des Sapeurs-Pompiers.)
2º a) Cinq minutes à l'Armée du Salut . . . J. MOY.
    b) Une tournée d'Auvergnats . . . . GERNY.
        (M. F. DUPUIS.)
3º a) L'Orage, Poésie. . . . . DOLLINET.
    b) Nos bons Forains, Fantaisie. . . . . . . RAYNALY.
        (M. Georges LAUNAY.)
4º   Scènes comiques et excentriques par les Frères JACKSON'S, de l'Olympia.

UN ACCIDENT DE MÉNAGE
Comédie en 1 Acte.

HÉGÉSIPPE, *Chef de bureau* . . . . . . M. DUPARC.
LARISTOURNE, *Directeur d'Assurances* . . M. A. GASTAL.
LEBRULÉ . . . . M. MOQUET.
GRIBOUILLET . . . . M. DUPUIS.
Mme LEBRULÉ. . . . . Mme Arnold DELIGAT.

Le Piano a été tenu par Madame Jules Egly.

SITUATION FINANCIÈRE

de la Caisse Départementale des Incendiés

COMPARÉE

à celle des Compagnies d'Assurances

Il résulte du tableau ci-après (Extrait des chiffres publiés dans *Paris-Assureur*, — Édition de 1905 — par E. Le Chartier) que :

1º La réserve de la Caisse, pour le seul département de la Meuse, est supérieure **à vingt fois la garantie totale moyenne** la plus élevée par département offerte par la plus riche compagnie financière **(7.110.000 contre 299.101.)**

2º La réserve de la Caisse, **pour le seul département de la Meuse**, est supérieure à **deux fois et demie** la garantie totale moyenne par département offerte par l'ensemble des **seize grandes compagnies** financières d'assurances (**7.110.000 fr. contre 2.746.067 fr.**).

3º Alors que ces compagnies possèdent comme garantie totale environ **deux fois le montant de leurs primes nettes annuelles** (garantie 244.400.000 fr. Primes nettes 121.111.532 fr.), la réserve de la Caisse s'élève à plus de **treize fois et demie le montant de ses primes nettes annuelles** (Réserves 7.110.000 fr. Primes nettes 522.834 fr.).

NOMS DES COMPAGNIES	CAPITAL SOCIAL		RÉSERVES de TOUTES NATURES	GARANTIE TOTALE actuelle	GARANTIE TOTALE par département	PRIMES NETTES	SOMMES VERSÉES par action	DIVIDENDE DISTRIBUÉ en 1903	RÉMUNÉRATION DU CAPITAL initial
	NOMINAL	LIBÉRÉ DE							
	Fr.	Fr.	Fr.	Fr.	Fr.	Fr.	Fr.	Fr.	
Générale (La)	2 millions	2.000.000	24.620.000	26.620.000	299.101	12.469.382	1.000	1.300	130 » %
Phénix (Le)	4 »	4.000.000	18.470.000	22.470.000	252.472	10.709.950	1.000	475	47,5 %
Nationale (La)	10 »	2.500.000	12.700.000	22.700.000	255.056	9.577.103	625	576	92,2 %
Union (L')	10 »	2.500.000	13.260.000	23.260.000	261.348	16.887.870	1.250	675	54 » %
Soleil (Le)	6 »	6.000.000	13.390.000	19.390.000	217.865	9.880.831	500	180	36 » %
France (La)	10 »	2.500.000	7.800.000	17.800.000	200.000	7.800.023	1.250	400	32 » %
Urbaine (L')	5 »	1.250.000	8.000.000	13.000.000	146.067	10.085.627	250	190	76 » %
Providence (La)	5 »	1.250.000	5.250.000	10.250.000	115.168	4.361.043	625	325	52 » %
Nord (Le)	2 »	500.000	2.660.000	4.660.000	52.360	3.618.123	230	140	56 » %
Aigle (L')	2 »	2.000.000	4.380.000	6.380.000	71.685	4.977.411	500	230	46 » %
Paternelle (La)	6 »	2.400.000	6.760.000	12.760.000	143.372	6.795.296	400	150	37,5 %
Confiance (La)	10 »	4.000.000	3.650.000	13.650.000	153.372	4.720.743	200	25	12,5 %
Abeille (L')	12 »	3.000.000	6.300.000	18.300.000	205.618	5.708.840	250	85	34 » %
Monde (Le)	6 »	2.400.000	1.910.000	7.910.000	88.876	3.641.327	200	14	7 » %
Foncière (La)	10 »	10.000.000	4.990.000	14.990.000	168.427	4.889.356	500	50	10 » %
Métropole (La)	8 »	2.400.000	2.260.000	10.260.000	115.280	4.988.607	60	4	6,7 %
	108 millions	48.700.000	136.400.000	244.400.000	2.746.067	121.111.532		Moyenne	54,4 %
Caisse Départementale des Incendiés de la Meuse.	Néant.		7.110.000	7.110.000	7.110.000	522.834 (¹)	Pas d'Actionnaires.		

(1) C'est-à-dire déduction faite des droits de timbre et d'enregistrement (61.436 francs) payés par la Caisse Départementale pour ses assurés.

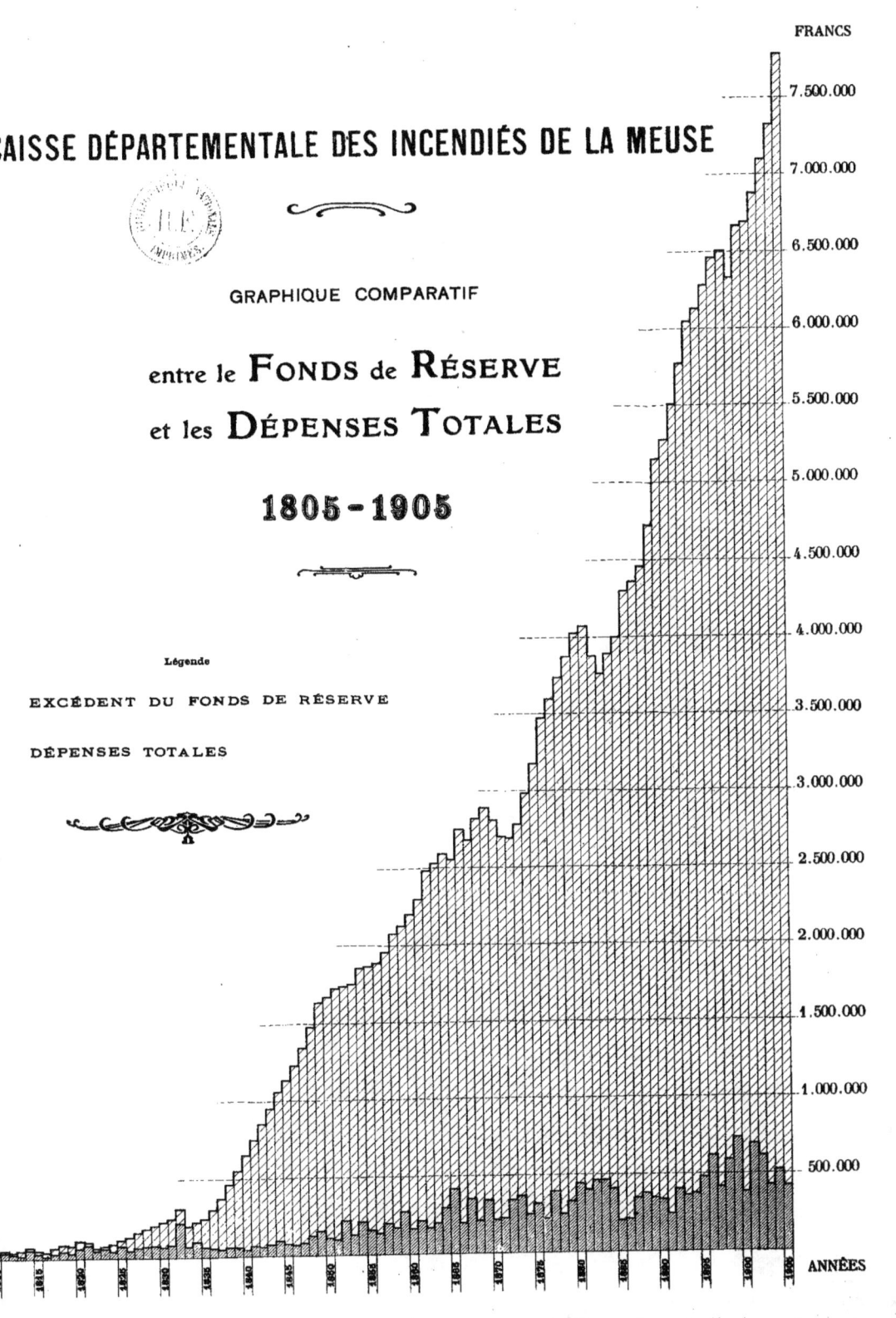

www.ingramcontent.com/pod-product-compliance
Lightning Source LLC
LaVergne TN
LVHW052105090426
835512LV00035B/996